認知行動×マインドフルネス

働く人のための メンタルコントロール

人見ルミ

【2】以下について心あたりがあることに◯をつけてください。

1	いつも人と比較してしまい、つい落ち込むことがある。
2	些細な出来事でも無意識に「自分はどうせ何をやってもだめだ」と考えるときがある。
3	ミスがあると数日間気持ちが落ち込むことがある。
4	他者から厳しく注意されるとムカついたり、もう会社に行きたくないと思うことがたびたびある。
5	他者に対して「こうあるべき」と強く思うことがある。
6	他者が思うような行動をとってくれないと周りにイラッとすることがある。
7	人から嫌われているのではないかと気になることがたびたびある。
8	感情がうまくコントロールできないことがたびたびある。
9	SNSなどについ批判的な投稿をすることがある。
10	この世の中に良いことなんてないと思うことがある。

三つ以上◯がついた人、あるいは周りにそういう人がいる……と思ったら本書をこのまま読み進めてください。

（© サンカラ　認知行動療法＆マインドフルネス心理尺度より）

図0－1　心の疲労度チェックリスト

【1】最近1カ月間の自覚症状について、各質問に対し最も当てはまる項目の答えの数字をすべて加算してください。

□ほとんどない→0点　□時々ある→1点　□よくある→3点

1	イライラする
2	不安だ
3	落ち着かない
4	ゆううつだ
5	よく眠れない
6	体の調子が悪い
7	物事に集中できない
8	することに間違いが多い
9	仕事中、強い眠気に襲われる
10	やる気が出ない
11	へとへとだ（運動後を除く）
12	朝、起きたとき、ぐったりした疲れを感じる
13	以前とくらべて、疲れやすい

合計得点が、11点以上の方は心の疲労度が高い傾向があるようです。
ぜひ本書をお役立てください。

（参考：東京都労働相談情報センターより一部抜粋
https://www.kenkou-hataraku.metro.tokyo.lg.jp/mental/self_care/check.html）

PROLOGUE

はじめに

こんにちは。ご縁あって本書を手にとってくださり、ありがとうございます。

皆さんは、日々の生活で上手にメンタルコントロールができていますか？

例えば仕事をしていて、何かの出来事でついイラッとしたとき、すぐに感情を切り替えることができず、いつまでも持ち越してしまうことはありませんか？

あるいは、些細なことで落ち込み、いつまでも同じことをくよくよ考えて反芻したり、一人で抱え込んで眠れなくなることはありませんか？

日常の中で思ったようにことが運ばないこと、予想外の辛い出来事に感情が揺さぶられることは誰にもあります。

そのとき感じた不安や畏れ、落ち込み、苛立ちなどの感情とうまく付き合うことができ、すぐに気持ちをスッキリ切り替えることができているなら、あなたはこの本を読む必要はありません。本書を読んでいただきたいのは次のような方々です。


「小さなことでつい落ち込んで気に病んだり、それをひきずってしまうことがある」

「ついイライラして人とぶつかったり、仕事のパフォーマンスが上がらない」

「集中力に欠けて、些細なことでネガティブなループにハマってしまう」

「寝つけない、眠れない、なんだか疲れがとれない」

「人間関係がうまくいかずストレスが溜まり、もやもやして気分がさえない」

「自信も、能力もないし、自分なんてダメなんじゃないかと思ってしまう」

「仕事の責任や量でつぶれてしまいそう」など。

私は**「マインドフルネス」**の講師として、全国の企業からご依頼をいただき、研修を通じて、社員の皆さんのストレスを軽減するお手伝いをしています。

「マインドフルネス」とは「今ここに注意を向ける」メンタルコントロール法であり、ストレス軽減法です。さらに近年では、**「認知行動療法」**という最先端の心理学についてもご紹介し、これまで1万人以上の方々に、ご自分の心を整える方法をお伝えしてきました。

そのなかで、ここ数年、研修でお邪魔した企業の社員の方々から前述したような「メンタルを上手に切り替えられない」といった声を、以前にもまして聞く機会が増えてきたように感じます。

メンタルのコントロールがうまくできない、あるいは、自分の感情とうまく付き合えないことで、人間関係がうまくいかなくなる、仕事のパフォーマンスが落ちるなど、さまざまな問題が生じてきます。

それだけではありません。令和2年の厚生労働省による調査では、5大疾病と呼ばれる病気（癌、脳血管疾患、虚血性心疾患、糖尿病、精神疾患）のうち、もっとも患者数が多い糖尿病に次いで、精神疾患が、癌を上回り第2位でした。

なかでも鬱病や睡眠障害は急増しており、企業も個人も心の健康について対応を急がねばならない時代に入りました。

皆様に本書を読んでいただきたい理由は、仕事に集中できなくなったり、ストレスが溜まったりするもっと手前の段階、つまり辛く感じたとき、落ち込んだとき、怒りがわいたときなど、感情的になった段階で、自分の感情に早めに気づき、自らコントロールする必要があること、そして、私たちにはそれができること、さらにそれによって、さまざまなことがうまくいき、心身を健康な状態に維持できることを、知っていただきたいからです。

実は、ネガティブな感情であるイライラや不安は、私たちの周囲の出来事、つまり外的要因によって生じる一方で、それ以上に、**物事を捉える際の自分の「思い込み」すなわち「認知」の影響を大きく受けています**。

この無意識に自分を支配してきた捉え方「認知」に気づくことで、実は私たちはとても簡単に自身の感情やメンタルをコントロールできるようになるのです。

日本ではまだ多くの人には知られていないものの、実際はすでに心療内科など臨床の現場では使われている手法で、多くの研究が行われ、科学的なエビデンスも数多く蓄積されています。

欧米では、辛くなったとき、悩んだときにすぐにカウンセラーに話を聞いてもらえる仕組みが身近にあります。けれど日本ではカウンセリングを受けることをためらい、辛いときに人に相談することができず、どんどん負のループにはまっていく現状があります。もっと多くの方々が、自分で自分の心の苦しみを癒し、楽になり、解決できるようになる――皆さんがその方法を知って、実践していただくことで、ご自身の心を上手にコントロールし、イキイキと仕事のパフォーマンスを上げ、人生を謳歌していただきたいというのが私の願いです。

なぜなら、私自身20代の頃は、常に気分が落ち込み、人からの評価を気にして自信がなく、不安やイライラ、もやっとした気持ちに苛まれていたからです。

当時の自分にこんな方法があるよ、簡単に試せるからやってみて、きっともっと幸せな気分、ワクワクする自分になれるよ、と言ってあげたい。今、振り返ると、そのように思います。

近年、精神的、肉体的、社会的にも満たされた状態「ウェルビーイング」の必要性がうたわれているように、個人だけでなく企業も、社員の心と体両面の幸せを追求していくことが、自社の価値を高めるうえで求められています。

誰にでもできる方法で、皆さんの心を曇らせるベールを取り除き、気持ちが晴れるコツや具体的な実践法を、さまざまな角度からご紹介していきます。どうぞ最後までお付き合いください。

人見ルミ

CHAPTER 1

「認知」が私たちを振り回す

CHAPTER 2

自分の「認知」のクセを知る

CHAPTER 3

自分の「思い込み」を外す

CHAPTER 4

外部からのアプローチで「認知」を変える

CHAPTER 5

心を整えて自分で感情を選択する

CHAPTER 6

人間関係のストレスを減らす方法

MENTAL
CONTROL

CHAPTER 1

「認知」が私たちを振り回す

MENTAL CONTROL

感情と行動はリンクしている

■感情はコントロールしないとネガティブになりがち

日々の生活の中では、良いことばかりではなく、不快になることや腹立たしいこと、予想外の出来事などがしばしば起こります。そのたびに、感情は揺れ動き、その影響を受けて、私たちは行動をしているといっても過言ではありません。

人は、ある出来事が起きたとき、瞬時に脳内で、その出来事を受け止め、分析し、とるべき行動を判断して、実際の行動に移しています。そして、**この行動の多くは、感情の反応によって**引き起こされています。

例えば今、あなたは仕事が手いっぱいだったとします。そんな時間がないときに限って、急に上司から追加で頼まれごとをされました。

普段だったら素直に「了解しました」と言えるのに、ついイラッとする感情から「他の人に頼んでもらえませんか？」と無表情に伝えてしまう。

そこで上司から「じゃあ、いいよ、他の人に頼むから」と言われて、その後ろ姿をみたとき（ひどい言い方をしてしまった……）と後悔する。

このように私たちは「感情」に左右されたうえで物事を捉え、瞬間的に思考し行動して日々生きていると言ってもよいでしょう。

仕事に追われて気持ちに余裕がないときは、なかなか感情をうまくコントロールできません。しかし、常に忙しい毎日の中では、職場や人間関係をはじめ、さまざまなシーンにおいて感情を上手にコントロールしないと、次のように多くのケースでネガティブな反応が起きてしまいます。

自分の過去の言動が気になって、仕事のパフォーマンスが落ちる。
お客様のクレームで落ち込んだ気持ちを引きずり、消極的になる。
なぜ、自分だけうまくいかないのか、こんなはずではなかったという思いから、うつうつとしてしまう。

こんなとき、成功者だったらすぐに立ち直るんだろうと羨ましく思うかもしれません。ところが、私は以前、いわゆる「幸せな成功者」と言われる経営者や著名人800名超にインタビューを行う機会がありました。そこでわかったことは、どんなお金持ちでも著名人や成功者であっても、私たちと同じように、未来への不安や人間関係の難しさに苛まれており、感情も大きく揺れ動き、落ち込んだり、どん底をさまようことがあるという事実でした。

しかし、どのようにしてそうした苦境を乗り越え、心身ともに健康で、成功されているかをうかがったところ、多くの方々が「自分がネガティブに陥りやすいクセや特徴」を知っており、かつ「心を整える時間」や「感情と上手に向き合い捉え方を変える方法」をしっかり持ち、それによっていち早く立ち直れるレジリエンス力（元に戻す力）を備えていることもわかったのです。

■自分の感情とうまく付き合う二つの方法

この感情を切り替え、上手に付き合う方法の一つが、**「マインドフルネス」**です。

これは今から約２５００年以上前に仏陀が悟りを開いたときの瞑想法「ビパッサナ瞑想」にルーツがある、思考や感情をありのままに観察する手法です。現在ではマサチューセッツ大学医学大学院のジョン・カバット・ジン名誉博士によって宗教性を排除した「マインドフルネス」（意図的に注意を向ける）という時代に即した名前になり、一般に普及しました。多くの科学的エビデンスも紹介され、シリコンバレーの企業、グーグルやメタ、ナイキなどでも導入され、誰にでも取り入れることのできるメソッドとなりました（本書の後半で詳しく紹介します）。

もう一つの方法が、アメリカ発の最先端心理学**「認知行動療法」**（Cognitive

Behavior Therapy＝CBT）です。これは、マインドフルネスと並行して行うとより効果的であり、近年、精神科領域の臨床現場で多くの人の心身を癒し、復活させ、科学的な立証を次々に打ち立て進化しているメソッドです。

この認知行動療法は、イライラや怒り、不安、落ち込みなどネガティブで辛くなりやすい**「感情」と上手に距離をとって付き合っていく方法**であり、**「感情」という反応が起きる大元の「思い込み」に注目をする**のが特徴です。

それでは、この「思い込み」とはどのようなものであり、なぜ、思い込みが大元となって感情に派生するのか。項をあらためて詳しく見ていくことにいたしましょう。

MENTAL CONTROL

「思い込み」がネガティブな感情を引き起こす

■感情は「思い込み」からやってくる

私たちが、なんらかの出来事に接した際、つい感情的にネガティブな反応をしてしまうのは、実は幼少期から大人に至るまでに培ってきた認知による〝きっとそうだ〟〝そうに違いない〟という「思い込み」に原因があります。


「今、ミスをしてしまった。きっと私は馬鹿だと思われているに違いない」

「仕事が遅くて上司に叱られた。きっと嫌われているだろう」

「お客様からクレームを言われた。自分はダメな人間に違いない」

こうした状況に陥ったとき、このように捉えてしまうことは、多かれ少なかれ、誰にでも経験があることです。

なぜなら、私たちの誰もが、即プラス発想ができるわけではなく、幼少期からのさまざまな失敗体験によって心の傷を負ったり、他者から叱責されたり、馬鹿にされたりする経験をしながら成長しているため、自分に対する「私ってダメだなぁ」という勝手な「思い込み」（信念）を持っているからです。

例えば、私たちを育ててくれた親について言えば、子どもを上手に褒めたり励ましたりできる完璧な素晴らしい人格者ばかりではありません。親自身もまた心に歪みがあったり、自己肯定感が弱かったり劣等感を持つ人もいるわけです。精神科医・樺沢紫苑先生によれば、子どもに対してダメ出しをしたり、支配的だったり、子どもをコントロールして、自分の叶えられなかった夢を強要したり、または人格を否定する言葉を投げかけたりするなど、いわゆる「毒親」に育てられたと感じる人は、二人に一人にのぼるということです（「樺チャンネル」ＹｏｕＴｕｂｅコメントより）。

もしくは、愛され、大切に育てられてきたとしても、親が信じる幸せの価値観と、自分が感じる幸せの価値が大きく異なる場合もあり、子どもはそれを封印しながら親に合わせて生きていくこともあります。あるいは、友達にストレスを感じたり、時にはいじめられたりした経験があれば、初めて会う人に対し、必要以上に壁をつくったり、逆に不自然なほど馴れ馴れしく接したりすることもあるでしょう。過去の体験から培ったネガティブな感情と思い込みの影響によって無意識に反応し、行動するというのは、誰もが持つ特性です。

メンタルコントロールを行うとき、最初のポイントは、**自分の過去に体験した「感情の記憶」と「思い込み」がリンクしている**点を知ることです。

■誰もが持っている厄介な「思い込み」

繰り返しますが、私たちは、過去の「体験」「常識の枠組み」「知識の積み重ね」などさまざまな要因から、「きっとそうだ！」「そうに違いない！」と瞬時に思い込んで判断し、そのまま行動に移してしまいます。

この思い込み＝信念というものはかなり厄介です。

「だって今までそうだったから」「親から何度も言われたから」「過去にも失敗したから」「以前も嫌われたから」「みんながそう言っているから」「私はそうやって生きてきたから」「テレビで言っているから」「私は皆より劣っているから」というように、思考や判断にあたってはこうしたバイアス（偏向・信念）が働いていることが往々にしてあります。他者はそう思っていないにもかかわらず、**自分で信じ込んでいる**のです。

そして、行動した後に少し冷静になって「しまった……」「あんなこと言わなければよかった」「あのときの感情はなんだったのだろう。怒りすぎたかも」となることも少なくありません。

「思い込み」は人間関係のみならず仕事の生産性やパフォーマンスにも影響を及ぼします。けれど、それは、どんな人も持っているものです。

MENTAL CONTROL

思い込み＝認知を変えると心が楽になる

■最先端のメンタルコントロール法「認知行動療法」

ビジネスを進めるうえでも、過去の枠組みや信念といったものが阻害要因になることがあります。

時流が変わっているのに過去の成功体験だけを引きずっていたり、逆に「過去にも失敗があったから」など、事実とは異なる自分の体験に基づいた「縛り」が邪魔になったりして、せっかくのチャンスを逃してしまうことはないでしょうか？

第3世代と言われる最先端心理学では、この「思い込み」「信念」のことを**「認知」**と言い、自分の受け取っている感覚認知を**「自己認知」**と言います。

それが自分にとっても周囲にとっても**「適応的」(事実に則った思考)**な認知であれば良いのですが**「非適応的」(事実と異なるのに、「そうだ」と思い込む歪んだ思考)**な認知をすることで、精神的に不安定になったり、人間関係に歪みが生じたり、モチベーションが下がったり、仕事のパフォーマンスにも影響するため、現在、認知を適応化する、つまり、事実に即してより楽な捉え方をする「認知行動療法」という手法がアメリカをはじめとする精神科の臨床現場で取り入れられて、注目を浴びています。

日本の精神科領域の臨床の現場でも積極的に取り組まれるようになり、科学的にも効果があることがわかってきました。

この認知行動療法は、何も専門家だけが実践できるものではなく、その基本的な考え方を学ぶことで、私たち一般の人たち誰もが日常において実践できるシンプルなメソッドでもあります。日常生活に取り入れることによって、鬱病の改善のみならず、感情をコントロールできることも明らかになっています。

マネジメントにおいて、チームや組織がうまく調和し、より力強く前進するためには、各自がそれぞれの個性、性格や認知の特徴をよく知りながら、上手にメンタルコントロールをしていくことが求められます。

すべての人の個性やタイプに適応し、誰でも使うことのできるメンタルコントロールのメソッド――それが認知行動療法です。

認知を変えると心が楽になります。

「考えてみたら、ずいぶん極端に思い込んでいたかも」と過去の認知に気づきさえすれば、これまでクセになっていた不安やイライラが回避でき、他者を受け入れる心の領域は広くなり、ゆとりや幅が出て、メンタルを安定させ、ストレスを軽くすることができるようになるのです。

習慣化された「認知」を事実に即した「認知」に変える

■認知のパターンはさまざま

私たちの認知は、過去の辛かった記憶の体験とそれに伴う感情に影響を受けることをご紹介しました。そのため、同じ事象に対して、一人ひとり解釈や捉え方が違う事態が起こります。すなわち、認知のパターンは人それぞれであるということです。

事例を通して、説明をしましょう。

あなたは、上司から退勤直前に翌日締め切りの企画書の作成を依頼されました。その夜は、飲み会があったため、残業をせず、家に持ち帰って仕事をすることにしました。ですが、その夜は楽しくてつい飲みすぎて、仕事に手をつけられず、気づいたら朝。朝礼で皆の前で上司に厳しく叱責されてしまいました。

このようなケースで、あなたはどのように反応をするでしょうか。

「提出できなかったのは、私のミスだ。仕方ない、さっさと謝って次は頑張ろう」

——現実的な問題解決型

「期限に遅れて提出できなかったからと言って、何も朝礼でみんなの前で公表して怒ることないじゃないか。人前で恥かかせやがって」

——上司への怒り

「そもそも上司だって、ギリギリに頼んできてさ、こっちは前から予定があったわけだ。自宅残業なんだから会社が悪い。あんなに怒る方がおかしいよ」

——会社への不満

「どうして、私はこうアホなんだろう……。昨夜酔っ払っていても頑張って仕上げるべきだった。ああ、何をやってもダメだなあ……」

――自責の念

このように、同じ出来事に対しても、人はそれぞれ違った認知の反応をします。そして、その「認知」を起点として、その後とる行動が決まっていきます。

読者の皆さんは、どのタイプでしたか？　また周囲の人はどうでしょう？

もし、あなたが上司の立場だったとして、部下が「上司への怒り」の気持ちになったらどうでしょう？　仕事がやりにくくなるかもしれません。あるいは、部下が会社への不満を同僚へぶちまけたらどうでしょう？　または自責の念を感じて、布団をかぶって自宅で落ち込んで、会社に来なくなる部下もいるかもしれません。

人それぞれの認知によって、感情の反応が起き、結果、異なる行動が起こります。

こうしたさまざまな認知のパターンに対して、認知行動療法では**〝自分の習慣化された解釈（非適応的認知）をまず一旦確認し、次に事実に即した捉え方（適応的認知）に置き換えてみる練習〟**を行うことを基本のアプローチにしています。そして、それによってネガティブな感情を取り除いていくのです。

MENTAL CONTROL

あなたの「認知」は変えられる

■まずは自分の「認知」のパターンを知ることから

認知行動療法とは、ある出来事を捉える「認知」にアプローチして、それによって起こる「行動」を変えていくことで、辛い感情を軽減していく心理療法です。

ですが、幼少時代から培ってきた体験による記憶や思い込みによる認知をそんなに容易に変えられるのでしょうか?

もちろん簡単ではありませんが、日々少しずつトレーニングをして習慣化することで認知は変えられます。

認知行動療法の生みの親である臨床心理学者、アルバート・エリス博士は次のように言います。

「悩みを抱えて落ち込んでいる人や、ネガティブになっている人、あるいは鬱病になっている人たちにとって、自分の考え方を簡単に変えてポジティブに考えたり行動したりすることは難しい。それができているなら鬱などにはなっていないから」

それはそのとおりです。ですが、エリス博士や、精神科医であるアーロン・T・ベック博士は、長年の臨床における研究と実践から認知行動療法を体系化し、多くの人を快癒させてきました。そして今では、科学的に立証されるメソッドになりました。

ベック博士は、1921年、鬱病の患者を診察している中で、患者の特徴として悲観的な思考（否定的な考え方）を持っていることに気づきました。そして、この認知の歪みを修正する新たな治療的アプローチとして、認知行動療法を体系立てていきました。

私たちが生まれてから成長するに従って作られた物事を捉える枠組みを、心理学用語では**「スキーマ」**といいますが、このスキーマを、信念や思い込みとして認知行動療法に取り入れていった第一人者が、ベック博士です。

このスキーマの存在によって、私たちは目の前の世界を的確に捉え、物事への理解が容易になる一方、歪みを持ったり、不適応な捉え方をしたりしていると、何かうまくいかないことがあったりしたとき、苦しい、辛いと感じます。そのため、このスキーマの存在に気づき、その反応パターンを知ることが必要なのです。

■「出来事」は無色透明で、色はない

一方、アルバート・エリス博士は、1913年アメリカのペンシルバニア州で生まれました。幼少時代、父親は不在で母親からもネグレクトに近い環境で育ち、体も病弱な体質でした。12歳で両親が離婚し、不遇な環境で育ったエリス博士ですが、どうしたら最悪の環境からより良い人生を送れるのかを考えて成長しました。

しかし、エリス博士は非常に人見知りが強く、自分に自信がもてないため女性と付

き合うこともできず、青年期までモテることがありませんでした。しかし20代で「人見知りを克服し、女性と付き合おう！」と意を決して、その後なんと１００人の女性に声をかけてみるという行動に出たのです。すると、結果は何人かの女性からデートに応じてもらうことができ、自信がついたといいます。

つまり、**「たとえ人に拒否をされたからと言って、それで自分の人格すべてが否定されたわけではない」**という不合理な信念を捨て去ることができたのです。

その後、エリス博士は臨床心理学者として**「ＡＢＣ理論」**を打ち立てました（アルバート・エリス『性格は変えられない、それでも人生は変えられる』ダイヤモンド社）。

この理論は、まずＡ「出来事」があり、それを人はＢ「認知」によって色づけをし、Ｃ「結果」が出る、という人間の心のあり方の仕組みを解き明かしたものです。

Ａ　Activating event（出来事）……「出来事」は無色透明で、色はない

Ｂ　Belief（信念）……人の捉え方、「認知」は人によって変わる

Ｃ　Consequence（結果）……感情としての「結果」が出る

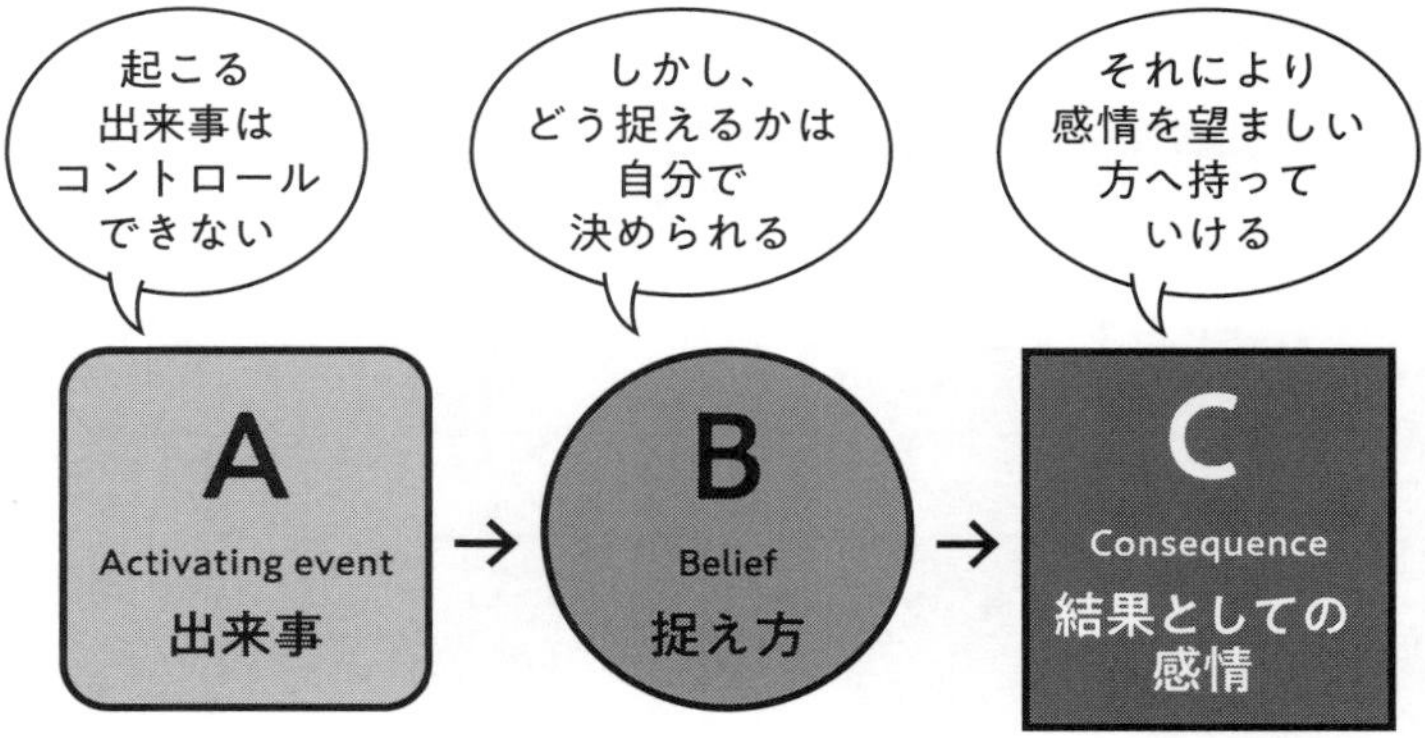

図1−1−1　アルバート・エリス博士のＡＢＣ理論

（出典：ビジネスゲーム研究所より）

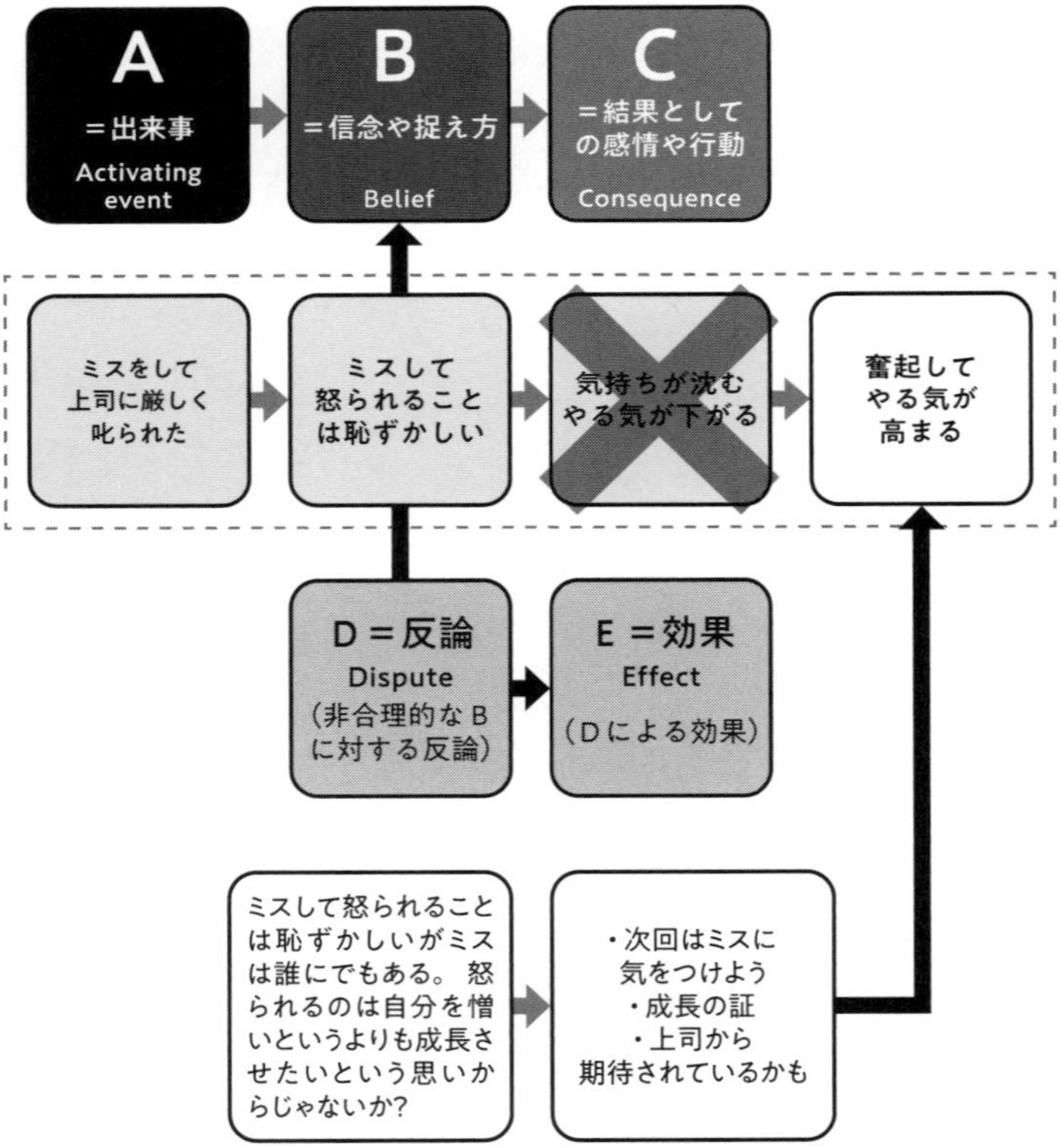

図1－1－2
B「認知」＝捉え方によって、結果が大きく変わる

（出典：ビジネスゲーム研究所より一部抜粋）

【例】

A　今年度の売り上げを2億にしよう！　と社長が伝えたとします。

B　「えーっ！　絶対無理！」（今まで無理だったからという信念がある）と認知する人や「よし！　2億なら達成できそうだ。頑張るぞ！」（チャレンジしてみたらなんとかなる）と認知する人がいます。

C　社員によって行動が多様に変わり、結果はそれぞれに出ます。つまり、Aの出来事には色はなく、捉え方によって結果は変わるのです。

多くの人は、Aという不快な「出来事」によって、Cという「結果」が出ると思い込んでいますが、実はその間にある**B「認知」＝捉え方によって、結果が大きく変わる**のです。

つまり、**人の悩みのほとんどは、「誰かのせい」「時代が悪い」「出来事のせい」ではなく、自分自身の心の捉え方からやってくる**ものだと、エリス博士は解き明かしたのです。

さらにいえば、Ｂの「認知」のあり方を変えることができれば、日頃のメンタルの落ち込みはもちろん、悩みや不安からくる睡眠障害、鬱といった症状まで、ほとんどの心の悩みがよい方向に向かうとエリス博士は言います。

次の章から、この認知行動療法のメソッドをもとに、一つひとつステップを踏んで、「常識」「思い込み」から自由になり、メンタルコントロールができるプロセスを一緒に歩んでいきましょう。

MENTAL CONTROL

CHAPTER

2

自分の「認知」のクセを知る

感情の源泉は無意識下に広がっている

■潜在意識が刺激され、顕在意識に上ってくる

最初に、私たちの感情がどのようなところからやってくるのか、意識の全体像を見ていくことにしましょう。

心理学の領域では、私たちの意識を海に浮かぶ大きな氷塊にたとえると、水面に顔をのぞかせるわずか10％の部分が顕在意識（＝理性）であり、水面下の90％に広がっているのが潜在意識（過去の記憶）や超意識であると説明されています。

つまり私たちの意識のおよそ9割は、私たちの気づかない〝無意識〟の領域にあるのです。

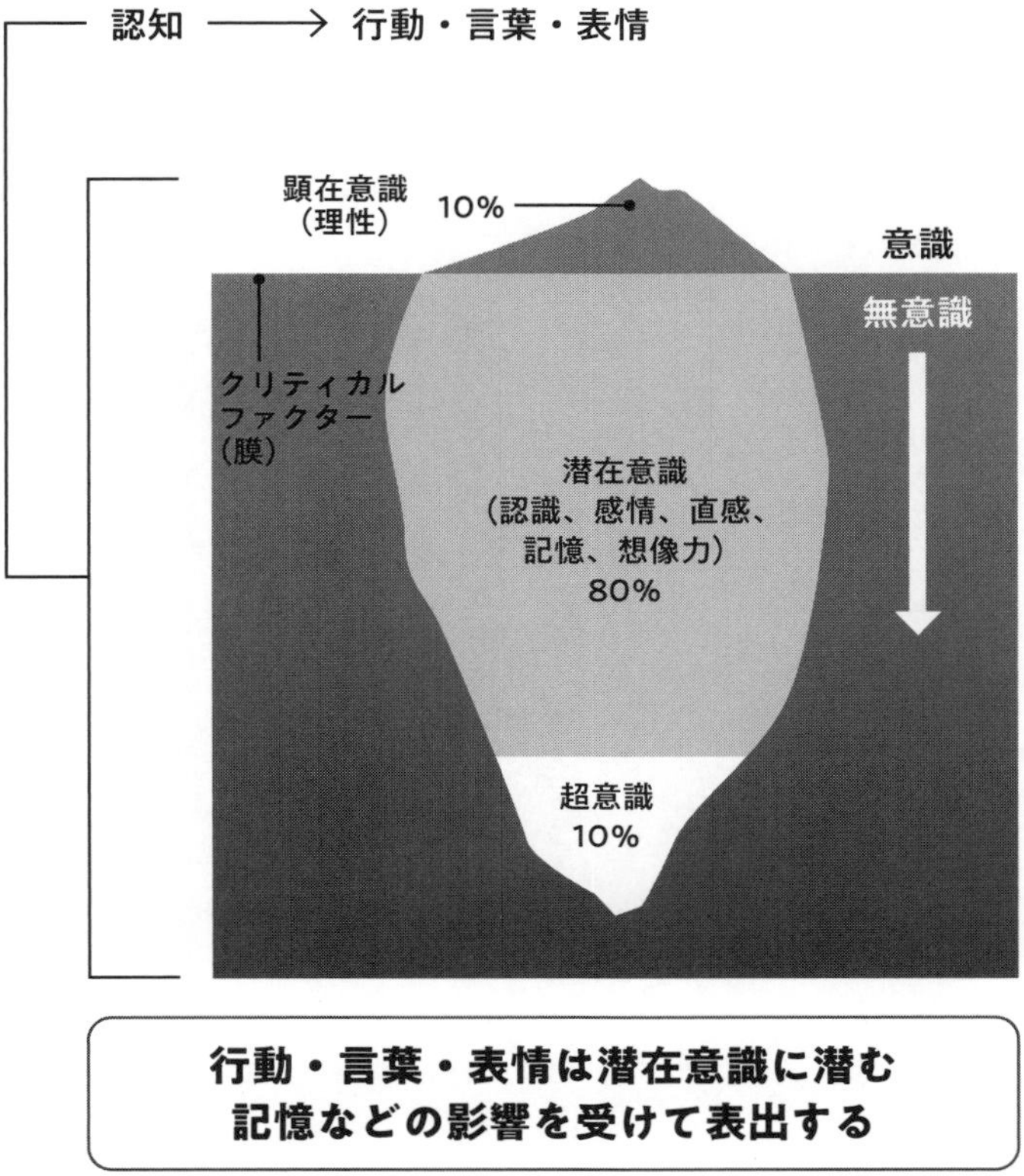

図２－１　認知を構成する顕在意識と潜在意識の関係

そこには、思い出せるか否かにかかわらず、生まれてから現在までに蓄積された実に多くの記憶があると言われます。そして外界から刺激を受けると、その無意識から想起した記憶やそれに伴う情動（感情）が反応して、条件反射的に感情が発露したり、思考をしたり判断をしたり、表情や言葉にしたりする表層的な顕在意識として顔を出します。

潜在意識領域には、自分が子どもの頃からもっとも影響を受けてきた身近な親や周囲の人からの声かけや考え方、信念、価値観、また置かれた環境などによって、さまざまな過去の体験や情報が記憶され蓄積されています。

そこには知識だけでなく、喜び、悲しみ、後悔、悔しさなど情動や考え方のクセが混ざり合い、渾然一体となって脳の各部位に蓄積されています。それらは通常、潜在意識内で静かに眠っている状態ですが、例えばヒプノセラピー（催眠療法）で誘導すると、本人も驚くような幼少期の体験や激しい感情が存在していることがあります。

■これまでの体験すべてから「認知」が形成される

私たちの自我は、乳児から幼児へ発達するにつれ、芽生えていきます。**物心がついてから経験したり、知識として得たりしこと、見たこと触れたことなどすべての体験が構造化し、特有の信念や価値観を通じて「認知」されています。**

例えば、混雑する電車の中で男性のひじが、たまたまあなたにあたり、このとき、あなたがこの男性からストレスを与えられたと感じ、不快に思ったとしましょう。

ですが「事実」は、男性のひじがあたったということだけであり、「他者からストレスを与えられた」と思っている「認知」＝物事の捉え方があるだけです。明らかな暴力や暴言などは実際にあり、傷つけられることはもちろんありますが、そうしたことを除けば、こうしたケースでは、外的な要因があなたを傷つけているのではなく、実は、自分自身が受けた捉え方（認知＝解釈）が極端になることで、辛く感じている可能性があるわけです。

過去に「男性から触れられるだけで不快な体験の記憶があった」とか「親や友達か

ら叩かれた辛く悲しい体験」「自尊心が傷ついた体験」があれば、無意識の領域からその不快な体験がふと蘇り、たまたま触れられてしまったことにも一瞬で反応して不快に感じたり、パニックになるのです。

職場で上司に肩をぽんと叩かれるだけでも不快と感じるとしたら、そこにもなんらかの理由があるでしょう。

自身が追い込まれたときや窮地にあるときなど、顕在意識では理性的に「大丈夫です！」と振る舞っていながらも、無意識からの強いネガティブな反応が起き、思わず人前で泣いてしまったり、怒りが込み上げたりするのもそのためです。ですが、自分ではその理由がなぜなのか、気づかないことがほとんどです。

同じ出来事があったとしても、「すごくストレスを感じた」と思う人がいれば、他方は「全然ストレスとは感じない」人がいるというように、人の感じ方は多様であり、感情が発露される根底には、その人の無意識の巨大な氷の中に蓄積された感情の源からの反応があるのです。

MENTAL CONTROL

「事実」を認識すれば「認知」から自由になれる

■「思い込み」と「事実」は別物

前項の例で見たように**「事実」（ひじがあたった）と「解釈」（いやがらせをされた）は異なります**。

この違いを見分けることができると、「きっとこの人はこうだ」「私のことを嫌っているに違いない」「いじめられている」などといった決めつけを防ぐことができ、さまざまなことを受け入れやすくなります。

自分自身が選択した答えによって、感情が変わり、思考が変わり、行動が変わり、結果が変わり、最終的には物事の捉え方が変わるのです。

人は、顕在意識と無意識、そしてこれまで自身が経験してきた価値観から物事を判断してしまう生き物です。とかく追い込まれたときなどは、思考と視野が狭くなってしまうものです。起こることをありのままに受け止め、その捉え方を「何が事実なのか」に転換できることが心の強さにつながります。

「思い込み」と「事実」は別物です。

これから「事実」を確かめてみることで、「思い込み」から自由になった実際の事例を紹介しましょう。

事実への認知を変えることで結果が変わったケースを見ること、それがそのまま認知行動療法を実践するためのレッスンになります。

それでは一緒に「事実」と「認知」の違いを確認していきましょう。

CASE 01
「お客様」に対する認知と事実

Aさんは介護職についているのですが、職場での人間関係がうまくいかず、悩んでいました。

毎日まじめに職場に通っていますが、イライラが続いて、何だか心が晴々としないというのです。よく聞いてみると、彼の悩みはこうでした。

「僕は、介護の現場でご高齢の方をお呼びするとき、○○様と呼んでいるんです。これまでの職場でもずっとそうでした。○○様ということが相手への礼儀であり、たとえ認知症の方であっても相手への敬意があるので、そのように呼ぶことが大切だと思っているんです」

私も彼が言うことは「なるほど、正論かな」と思いました。しかし、事情はこうでした。

「僕の上司は女性です。彼女はこの福祉事業ではとても長い経験を持っていて自信がある方なのですが、彼女は、あろうことかご高齢者を『ちゃん』付けで呼ぶのです！　これはどうなんだろう？　お客様に失礼だと思って『様』で呼んだ方がいいと提案しました。

でも彼女は、自分の経験上、それが高齢者にとっては嬉しいこと。『ちゃん』と付けられて喜ぶのだから、そう呼んで！　と言って、僕の意見はあえなく却下されました。僕はやっぱり『様』で呼ぶべきだと思って、それを貫いているのですが、いつも僕の意見は上司に潰されてしまうんです。たぶん上司は僕のことが嫌いなんだと思います」

彼はずっとそのことがもやもやして、上司である彼女が嫌いになっていった……これが彼のストレスでした。

Aさんは「様」がいいに決まっていると思っている。その理由はこれまでの職場でそうだったから。

しかし、女性上司は過去の経験から「ちゃん」がいいと思い、実際に使っている。

その結果、Aさんは「それは非常識だと思って、自分の意見が通らないことに腹が立つ。上司から嫌われている」と思ったのです。

お客様はいろいろな呼び方をされて、ちょっと戸惑うかもしれません。

皆さんだったらどうでしょうか？ ここでいう「事実」は何に当たるのでしょうか？

この事例においては、「今、この時点でお客様がどう思っているのか？ どう呼ばれたら気分がいいのか？」とリサーチした結果が事実です。

これは介護施設によって、結果は異なることでしょう。であれば、社長が社内に通達して、実際にお客様にアンケート調査をすればいいのです。

結果から言いますと、この施設では約9割の人が「ちゃん」付けで呼んでいただいて嬉しい、ということがわかりました。

認知というのは、それが事実かどうかは確認もせず、自分の過去の経験に照らし合わせて「それが正しい！」「事実に違いない！」と勝手に思い込んでしまうことです。根拠は、それぞれが思い込んでいる「過去、自分の経験ではそうだったから」です。この事実の根拠が現場で確認できたことで、Aさんは、自分が過去経験したこと、正しいと思っていたことがこの施設では「そうではなかった」ことに気づきました。

自分自身の思い込みの強さに気づき、事実を素直に認めて「この施設では『様』と呼ばないことがお客様のためなのだ」と素直に捉えられ、心が楽になったそうです。

さらに、上司が自分を嫌っていると思っていた感情も、単に意見が通らないことによる一方的な思い込みにすぎないと気づきました。

CASE 02
「職場の同僚」に対する認知と事実

ある会社で、A子さんと上司のB男さんが、早朝に二人で出社しました。それをたまたま後ろから見ていたCさんはびっくりして「二人はホテルから直接会社に出社したみたいよ」という噂をあちこちに流しました。職場ではあっという間にその噂が広まり、二人は不倫関係であるという状況ができあがってしまいました。

根拠としては、A子さんが二日間同じ洋服を着ていた、かなり前から二人は遅くまで残業した後に一緒に帰っていった、B男さんはA子さんに最近妙に親密な態度をとっているように見える、などです。

この二人は間違いなく関係があるとさまざまな噂が流れ、気がつくと、チーム全体の雰囲気が悪くなり、生産性が下がり、A子さんは四面楚歌。仕事ができるB男さんに至っては降格の話まで出てきていよいよ上長に呼び出されてしまいました。

これはまさに、エリス博士の提唱したＡＢＣ理論そのものです。

まずＡ「出来事」があり、Ｂ「認知」によって色づけされ、Ｃ「結果」が出る。**ある事実は無色透明の「A」であっても、人の認知「B」で色をつけてしまうことで、結果「C」が大きな違いに発展してしまう**のです。

実際には、二人の事実は「白」で深い関係は何もありませんでした。イベントの打ち合わせや会議の準備でしばしば早朝からカフェに立ち寄り誰よりも多くの仕事をしていたのです。勝手な他者のネガティブな認知のために、Ａ子さんやＢ男さんのイメージは急落し、本人からしたらはた迷惑な話です。しかし、実際に噂は妄想を生み出し、それがあたかも事実であるかのように一人歩きして、みんながネガティブな気持ちになり嫌なムードが職場に漂うようになりました。

あなたが今、誰かに対し感じていること、思っていることは、ある一部の情報からの推論ではないでしょうか？　絶対に事実だと言えるでしょうか？

情報を多く集めれば事実に近くなっていくことはありますが、決定的な事実を掴むまでは推論の域を超えません。

ネガティブな噂を事実に違いないと捉えることは職場のムードを壊したり、人間関係を壊したりしかねません。当然仕事のパフォーマンスは落ち、各人のメンタルも負のスパイラルに陥っていきます。噂に対しては冷静に受け止めて、推論を信じるのではなく、事実かどうかを多くの情報から判断して、巻き込まれないようにしましょう。

CASE
03
「上司」に対する認知と事実

A子さんは朝、会社ですれ違った上司にいつも通りに挨拶をしたのですが、態度がよそよそしく返事をしてくれません。A子さんの声は絶対に聞こえているはずです。「あれ？　どうしたんだろう？　もしかしてこの間のミスが上司にとって、ずっと尾を引いているのかな？」とか「嫌われているかもしれない……」と考えると仕事が手につかなくなります。

「ひょっとするとこの部署から異動させられたり、給料を減らされたりするのではないか」と思うと夜も気が気ではありません。

それから2日、3日たっても、A子さんは、ミスをしたことと、上司の態度が気になってしまい、上司と目を合わせることもできず、とうとう眠れなくなりました。

ランチのとき、睡眠不足で体調も悪いA子さんの状態に、同僚のB子さんが気づいてくれました。そこでA子さんは、思い切って悩みを打ち明けました。するとB子さんは、そっと上司に聞き取りをしてくれたのでした。

「A子が、何かしでかしましたか？　あるいはA子は周囲から嫌われていますか？」

すると、上司は「え？　全然気づかなかったよ。挨拶されていたのか……ああ、あのときはおそらく売り上げ報告のことで頭いっぱいで、A子さんの挨拶に気づかなかっただけだと思うよ。しかも過去のミスのことなんて、すっかり忘れていたよ」ということでした。

このように、「あのときのミスをひきずっているのでは？」「嫌われているんじゃないか？」と考えるとさらに妄想が膨らみ「左遷させられる？」「給料が減るかも」と次々に憶測や不安が膨らんで、ときには不眠の症状をきたしてしまうこともあります。

少しでも気になることがあれば、早めに事実を明らかにして、万が一謝るべきことがあれば、すぐに謝ったほうがいいでしょう。

そのような事実がなければ、「かもしれない」という妄想の馬鹿馬鹿しさに気づいてその日の夜から安心して眠れます。

なにか気になることがあれば、**妄想が膨らんでネガティブの渦にハマってしまう前に、早めに誰かに相談するなり、少し勇気を出して本人に確認をして事実を確かめてみる**ことが大切です。

CASE 04

「SNSの投稿」に対する認知と事実

SNSで知り合いのB子さんが、とてもネガティブな内容の投稿をしていました。「私がCさんを紹介したのに、あの人はお礼の挨拶にも来ない。ホントどうかと思うわ」といったきつく批判的な内容でした。

A子さんは、投稿を読んで、名前こそ出ていないけれど、「これは私のことだ！間違いない！」と思い込んでしまいました。なぜなら、過去にB子さんから確かにある人を紹介してもらったことがあったからです。お礼に行ったかどうか当時は忙しかったので、すっかり忘れてしまっていました。きっと根に持ってあえて投稿したんじゃないかな？　と思い、そのことが頭から離れなくなり、とても気分が悪く、眠れなくなり、しばしば投稿が気になって、ついまた次の投稿を見ては気分が落ち込んでいくことを繰り返していました。

このことを友人のDさんに話したところ、「えーっ？　実はね、彼女の投稿を見て私も同じことを思っていたんだよ。私も紹介してもらったことがあったから。絶対に私のことだと思っていた！」と言うのです。同席していたEさんも「いつもあの人、同じような批判的な投稿ばかりしているよ。私も過去に思い当たる節があって嫌な気分になったし」とのこと。みんなが「自分のこと」だと勝手に思い込んだり、嫌な気分になったりして、悩まされていたのです。

本当のことは、投稿したB子さんにしかわかりません。

ただ、A子さんは、自分と同じことを他の人も思っていたので、自分一人だけに原因があるのではない、という事実がわかり、とりあえず悩みからは解放されました。

これは、皆の気分を悪くさせていた投稿者に問題があるようです。このような場合は、直接本人に言ってくるならまだしも、ＳＮＳ上で公に向かって名前を伏せて批判的で否定的な投稿をするのは、その人の問題です。気にせず放っておくのがいいでしょう。**一人で思い悩むより、信頼できる身近な人に相談する**のも一つの方法です。

CASE 05

「上司からの指摘」に対する認知と事実

Aさんは、あるとき、直属の上司に人前で仕事のミスを指摘されました。あえてみんなの前で恥を晒されて、本当に嫌な出来事でした。みんなの前で言わなくたっていいのに……そのような行動をした上司に対して憎しみが日々大きくなっていきました。自分自身が全否定されたように感じて、もう一緒に仕事をしたくないと思い、心身ともに調子を悪くしてしまいました。

このケースの認知は「人格を全否定されたように思っている」ことです。しかし、事実は「仕事のミス」があったことであり、「人前で注意されたこと」、それによって感情としては恥をかいたことであって、上司があなたの「人格を全否定した」わけではないようです。そこは分けて考える方がいいでしょう。

何かことが起きると「自分が否定されたように感じる」人は、少し冷静になって「実際に人格を否定するような表現をされたのか」を確認することです。

こうしたケースでは、まず上司に直接話をして自分のミスは認めましょう。そのうえで、

「今回は申し訳ありません。二度とミスしないように気を付けますが、今後、注意するときは人前でなく、個人的に注意していただけるとありがたいです。とても恥ずかしかったので……」

とありのままに自分の気持ちを上司に伝えてみてはどうでしょうか。

本当に嫌がらせのつもりだったかどうかはわかりません。あなたが憎くて、そのような注意の仕方をしたわけではないのかもしれません。実は大抵の場合、そこまで深く考えていない、ちょっと鈍感だったり、つい場所をわきまえず感情的になったりする上司なのかもしれません。

どちらにしろ、仕事で毎日顔を合わせる上司に対し「憎い、嫌いだ」と感情を膨ら

ませるより、まずは自分の率直な気持ちを伝えることから始めてみましょう。

相手のリアクションによって、その真意がつかめるはずです。

今、Aさんが苦しいのは、「人前で恥をかかされた」＝自尊心を傷つけられた。そこから「自分への人格否定だ」と極端な解釈をしてしまうことにあります。しかし相手も人間です。悪気なくうっかり人を傷つけてしまうことがあるかもしれません。それをずっと根に持って許さないでいるのも辛いことです。恥をかいたことを一生引きずることはありません。

上司に対しまずは自分の本音を冷静に伝えてみて、上司が「ああ、うっかり人前で言ってしまって、ごめんなさい。今度は個別に注意するようにするよ」と言ってくれたら、スッキリ許して、自分のミスも認めましょう。人格を否定されたと感じるのはちょっと極端な捉え方です。そこまでネガティブな感情を膨らませて抱えていると心が病んでしまいます。早めに手放すことが大切です。

CASE 06

「異性」に対する認知と事実

Aさんには、かつて一度だけ付き合った女性がいたものの、振られて以来、まったくモテたことがないと感じていました。

「どうせ自分は顔もよくないし、性格も暗い。自信がなくて、もう10年以上彼女がいないです。この先、ずっと独身かと思うと寂しい」

まず事実として「一度だけ付き合ったことがある」というだけでも、それは素晴らしい経験です。一度振られたからと言って、自己を否定するのではなく、エリス博士のように、単に女性にアタックした数が足りないために、相性の良い女性に出会っていないだけかもしれません。「この先ずっと独身」というのは極端な捉え方ではないでしょうか。未来は創造できるからです。

そして自分にダメ出しをしたり、自信がないことに焦点を当てるより、自分の長所を見ていくことが大切です。自分の良さを客観的に認めて書き出してもいいでしょう。明るくて社交的なだけでは、魅力的な人とは言えません。むしろ、アンバランスで、欠点があるからこそユニークでかわいいと言ってくれる人もいますし、欠点があることで長所が際立つこともあります。

もしも自分に自信がなかったら、**身近な人に本音を吐き出して、「今、自分が言ったマイナスのセルフイメージと違うところを10個言ってくれないか」と頼んでみる**のもいいでしょう。相手はたくさんの長所を見つけてくれます。

過去にこんなことがあったよねと他者はよく見ています。

ネガティブな妄想のバスタブに浸かっていると思ったら、その認知に気づいて、捉え方を変えてみましょう。エリス博士のように行動を増やせば、自ずと自信もついて、さらに魅力ある人になることもできるはずです。

MENTAL CONTROL

「認知の歪み」はなぜ起こるか

■「スキーマ」から歪みが生じる

六つのケースで見た「辛くなりやすい極端な思い込み」を認知の歪みと言います。そしてこの歪みは認知心理学で言う**「スキーマ」(schema＝構造)**から生じます。

私たちは物事を認知し理解する際、外界をそのまま理解するのではなく、これまで長期に蓄積してきた知識などを総動員しながら理解し、判断しています。つまりスキーマは、**外界を理解する枠組み、あるいは物事を捉えるフィルターであり、私たちの思考の土台となる「思い込み」「信念」**です。

スキーマは私たちの日常活動の基礎であると考えられており、スキーマによって知覚や言語に関する理解が可能になり、例えばパソコンのキーボードを打つとか、車のブレーキとアクセルを踏み分けるなどあらゆる技術的な能動行為をスムーズに遂行できるようになるというメリットがあります。

また、スキーマが共有されているから、例えば「温泉」と言ったときに、容易に露天風呂やロッカーなどのイメージがわき、情報を共有できます。

しかし、その一方で脳内でスキーマが一度できあがってしまうと、思考のパターンが型にはまって、新しい情報を受け付けなかったり、別の情報を想起してしまいがちです。すなわちスキーマによって生まれるのが、狭義の「思い込み」であり、「先入観」「偏見」です。

代表的なものを紹介します。

●ジェンダー・スキーマ（Gender-schema）：男性的、女性的といったジェンダーに対する信念や経験、認知の枠組みを指します。

例：「女の子らしい色はピンクだ。男の子が似合う色はブルーだ」「女の子は、おままごとやお人形遊びが好き。男の子は野球やサッカーが好き」「あの人は筋肉質で背も高いから女性であるはずがない」「男性なのに可愛らしいピンクのバッグを持っているのは絶対におかしい」「女子は文系、男子は理系」

●自己スキーマ（Self-schema）：自身の特定の側面に対する信念や経験、認知の枠組みを指します。

例：「私は明るく積極的だ」「私は消極的でうまく話せない」「私はすぐに自分に対してダメだしする」「私は嫌われやすい」「私の血液型はA型だから真面目すぎる」

●役割スキーマ（Role-schema）：年齢や性別、人種や職業などの社会的カテゴリーに属する集団やその構成員に対する知識や信念、認知の枠組みを指します。

例：「○○人はあまり働かない人種だ」「女性は論理的思考が弱い」「移民だから肉体労働者に違いない」

●人物スキーマ（Person-schema）：個人が特定の他者の性格や行動目標に対して持っている知識や信念、認知の枠組みを指します。
例：「あの人の行為は冷酷で残虐だ」「あの人の性格は紳士的だ」「母親なのに、母らしからぬ人だ」

●事象スキーマ（Event-schema）：社会的現象や行動連鎖に対する知識や信念、認知の枠組みを指します。
例：「デモは渋滞を発生させる迷惑行為だ」「ボランティアは偽善的な行いだ」「環境運動をしても世の中は変わらない」

「A国でお腹を壊して入院した」という経験がある人は、その体験の記憶から「A国そのものが貧しく汚いし食事はみんな不衛生だ」といったA国スキーマを形成してしまい、後に会うA国出身の人はたいがい不潔だと決めつけてしまうといった偏見、差別、ステレオタイプに繋がる場合もあります。

つまり偏見とは、相手の特徴を無視し、自分の持っている相手に対するイメージを無理やりあてはめて評価することにほかなりません。スキーマの多くは「ステレオタイプ」か「偏見」のどちらか、あるいは両方にあてはまります。

■「厄介な感情」の生まれ方

このスキーマは「こうでなければ」「こうあるべき」という強い信念となって成人になってからも常に物事を捉えるときに無意識に発揮されます。

そして、他者や自分への強い欲求になって、無意識のうちに追い立てていきます。

例えば、社会や職場において他者から承認されないと、いじけたり、「どうせ自分なんか」と自己否定したり、「私など存在価値がないのではないか」と感じることがあります。あるいは、「自分はまだまだ成功していない」「もっと頑張れば認めてもらえるに違いない」と限界を超えるまで頑張りすぎて、メンタルコントロールがうまくいかない、あるいは体調を壊したりすることもあります。

また、周囲や上層部からの承認がないとその悲しみが、相手に対する「憎しみ」に変わるケースがあります。

これは「上の人はもっと部下を認めるべき」「リーダーは下の人の面倒を見るべきだ」という信念、スキーマがあり、一方、感情の奥底には、実は親から十分に受けられなかった承認や褒め言葉を、無意識のうちに上司に求めている場合があります。上司だけでなく、年配者、あるいは恋人や夫や妻に無意識に投影し要求することで渇望を補うケースもあります。

つまり潜在意識の中に消化されていない愛情の渇望とスキーマの信念が絡み合って、複雑な感情をもたらしてしまうのです。

しかし、こういう感情と認知の絡み合いというのはしばしば起こるもので、私たちの誰もが抱えていることです。もし少しでも思い当たるところがあれば、決してネガティブに捉えることなく、まず**「うん。そうそう、私にもあるかもね」**と冷静にありのままに受け入れてみることが大切です。

自分のスキーマを知ることが、メンタルコントロールの次のステップです。

「自動思考」を書いて認知の歪みを把握する

■五つのステップでスキーマを把握する

自分のスキーマをありのままに認識し、不自由な枠組みを乗り越え、そこから自由になることが、私たちが自分らしく、幸せに生きていく道です。

前章で、８００人を超える成功者に取材したことをご紹介しましたが、その方たちの成功の裏には、実は、スキーマの存在がありました。皆それぞれ、さまざまな苦労や困難を乗り越える過程で、自身が持ち続けていた強いスキーマの存在に気づき、そこから解放されることで、自分の人生を勝ち取ったのです。

それでは、どのようにすれば自分のスキーマを知ることができるでしょうか。

その方法の一つが**「自動思考」を書くこと**です。自動思考とは、瞬間、頭の中にふと勝手に浮かんでくる思考のことです。私たちの脳には1日に6～7万の思考がわいては消えていると言われています。

〈ステップ1〉

自分の自動思考を理解するために、まずはイライラや不安などネガティブな気持ちになったとき、2分間、ふと頭に浮かんだネガティブなこと、気になったことをありのままに、単語でも脈絡のないことでも良いので、紙にどんどん書き出してみてください。誰にも見せない紙の上の世界ですから、自由にブツブツと呟くようになんでも良いので書いてみましょう。

まずは、対象を他者にして思いつくまま1分間書いてみましょう。

例えば、他者に対して、

・あの人のあんなところが嫌だ
・いつも会議であの人のあの発言がムカつく

・あいつの態度が気にくわない
・彼、（彼女）はバカなんじゃないか？
・ちくしょー、馬鹿にしやがって
・顔も見たくない
・どうして〇〇なんだ？
・いい気になっているんじゃない？
・あいつがいるから、この職場はダメなんだ
・嘘までついて絶対に許さない
・あの人の存在がムカつく
このような自動思考がわいてくるかもしれません。

〈ステップ2〉

次に対象を「自分」に向けて1分間、ネガティブにわきあがってくる自動思考を書き出してみましょう。

・なんでこんな同じ悩みばかりしているんだろう?
・困ったことがあるけど、とにかく一人で解決しなくちゃいけない
・人に弱みや悩みを見せたらいけない
・もっと頑張らないと認められない。もっと稼がなきゃ
・誰からも愛されてないって感じる。どうせ自分はこんな人間なんだ……
・もっと完全にやらないとダメだ。こんな程度じゃダメだ
・自分は何をやってもうまくいかない
・どうしたらいいかわからない。決められない
・これから先のことが不安だ
・なんでこんなことになったんだ。自分が悪い
・ああ、面倒臭いな……

このような考えがわいてくるかもしれません。

これらを少し俯瞰して眺めてみましょう。それが、あなたの「考え方、捉え方のクセ」です。常に思考のパターンとして、頭の中に現れてくるもので、あなたが持って

いるスキーマからわきあがってくるものです。このとき、良い悪いと判断したり、自分を責めたりする必要はありません。ただし、そのような習慣があることをありのままに見るだけでいいのです。そこには、ご自身のトラブルや悩みの原因となりがちなことが、あるだけです。

〈ステップ3〉

それでは次に、ネガティブなことについて自分自身が望んでいること、自分が今、心配していることなどを「もし……だったら……だ」という形で思いつくまま1分間、書いてみましょう。

・もし、あの人と会わなければ気分が楽なのにな
・もし、1日でも会社を休んだら、怠けていると思われるはずだ
・もし、このプロジェクトが少しでも失敗したら、チームに迷惑をかけるはずだ
・もし、自分の過去がわかってしまったら、相手は私を嫌いになるはずだ
・もし、受験に落ちてしまったら人生は終わりだ

・もし、今期目標の売り上げにいかなかったら、いよいよ降格だ
・もし、この人と結婚できなかったら、自分の人生はおしまいだ
・もし、この店を閉めたら、家族を養っていくことができないはずだ

〈ステップ4〉

それでは、ここまで書いてきた内容を見て、もう一度自分の思考や感情と少し距離を置いて俯瞰する練習をしてみましょう。ここが実は大切なポイントです。**自分が思っているその思考や感情と「ディスタンス（距離）をとる」**のです。ちょっと一定の距離を置いて、自分の思考を他人だとイメージして眺めること、それが「認知」を捕まえて、事実かどうかを冷静に見るポイントです。

〈ステップ5〉

最後にあなたの親しい友人になった気分で、ステップ3を書いた人に対して、できるかぎり事実に即してアドバイスしてあげられることを考えてみましょう。

悩んでいる人があなたの大切な友人だったらどう答えますか？

「もし、会社を1日休んだら、怠け者だと思われるはずだ」という友人には「1日ゆっくり休んで温泉でも行ってきたら？　事前に申告してくれたら別に職場の人はさして困らないし、仕事は回るよ」と言えるのではないでしょうか。

「あなたの過去がどうであっても、今頑張っているんだから、あなたのままで大好きだよ」と言ってあげたくないでしょうか。

「今期の売り上げ達成できなくても、会社は潰れないから、もう一度来期頑張ってみたら？　今無理すると疲れ果ててしまうよ」「そんな職場環境だったら転職も視野に入れたら？　慌てずにね」と言うかもしれません。

俯瞰をした立場であれば、冷静な視点が持てて自分に対してやさしくなれるのではないでしょうか。自分と感情が一体になると、思考の幅が狭まり、「きっとそうに違いない」と思い込んだ感情の渦にハマったまま、行動に制限がかかってしまいます。

あなたの辛くなりやすい極端な捉え方、認知に対して、一旦距離を置いて眺めながら、やさしい友人になったつもりで声をかけてみましょう。

MENTAL CONTROL

過去を振り返って認知の歪みを把握する

■昔、言われたことを思いつくままに書き出してみる

自分のスキーマを知るための、もう一つのアプローチは、**小さい頃のことを思い出してみる**ことです。親や友人、あるいは知人から言われた言葉を、自動思考と同じように、思いつくまま、リストアップしてみましょう。

81ページのような言葉を多くの親が無意識のうちに使ったり、感情に任せて子どもに発しています。親も決して悪気はなく、疲れていたり、イライラしたとき、あるいは子どもを鼓舞しようと思って言ったりしているのですが、多くの人は、親から言わ

れた、その辛い、厳しい言葉に傷つき、その傷を修復できず、癒されないままに記憶の奥底に仕舞い込んでいます。

これらの悲しい言葉の一つひとつは、一見、忘却したかのように潜在意識の奥底に仕舞い込まれ、普段は表出してきません。でも、何かことが起きたときにオリのように浮き上がって来て、強く感情を揺さぶり一気に爆発したりします。

いつもはとてもにこやかで穏やかな人が、一旦怒ったときに、ビックリするほど形相が変わり、人格がひょう変するということも少なくありません。

もし、あなたが仕事で成果を出そうと、残業をして体が疲れていても、睡眠不足でも、とにかく命を削ってまで一生懸命に頑張って評価してもらおうとしていたなら、ちょっと立ち止まってみてください。

「それは、一体どこからきているのだろう……」と。

ひょっとすると、それは深い潜在意識からきている心理的要因があるのかもしれません。もしかすると、ご両親から「もっと頑張れ」という言葉をかけ続けてこられた。

「きちんとして」

「急いで、早く！」

「本当にダメな子ね」

「どうしてできないの？」

「周りに合わせなさい」

「ちゃんとして」

「だらしないわね」

「負けるな！」

「もっと頑張れ！」

「危ない、やめなさい」

「身なりをきちんと」

「言葉遣いもきちんと」

「いつも笑顔で元気よく」

「なぜ 100 点が
取れないの？」

「そんな程度しか
できないの？」


「バカじゃない？」

「クズ、ごみ」

「生まれてこなければ
よかったのに」

「あなたなんか
生まなきゃよかった」

「最悪」

「本当は子どもなんて
ほしくなかった」

「意地悪、冷たい子ね」

「うるさい！」

「出て行け！」

「我慢しなさい」

「お金がかかる」

「●●ちゃんに比べて
あなたは……」

「汚ない！」

図２－２
幼い頃に言われた言葉が「認知の歪み」をつくる

あるいはもっと褒めてもらいたかった。頑張っているところを見てもらいたかった。「見て、話を聞いて。褒めて！」「テストで90点とったんだよ」「ねえ、こっちを向いて」と言いたかった、親の喜ぶ顔が見たくて頑張っていたあなたの子ども時代の姿が見えてきませんか？

仕事で成果が出せないとき、自分や他者にくだす厳しい評価や批判、限度を超えた頑張りはどこからきているのでしょうか。「もっとしっかりやらなければ評価されない」「もっと完璧にしないと承認されない」。それは子ども時代に求めていた親からの褒め言葉や承認欲求が背景にあるのかもしれません。

無意識にもっと急がなければと焦るとき、心の奥底に子どもの頃、親から常に「早く！　急いで！」と急き立てられていた焦りがあるのかもしれません。

「お姉ちゃん、お兄ちゃんなんだからしっかりして」と言われていれば無意識に常に緊張や責任感の重圧があり「しっかりする」ことが大人になっても抜けないかもしれません。

「もっとお金がないとだめ」「こんな程度ではまだまだ」「もっと痩せなければ」という漠然とした不安や恐怖に追い立てられているのは過去の思い込みの記憶に基づく無意識の心理的要因があるのかもしれません。

■過去の痛みで、辛くなったら

潜在意識の奥底にしまい込まれた過去の痛みや傷、親からの執拗な言葉かけの記憶は誰にでもあるものです。その記憶を少しでも和らげ癒していけると、他者にも自分にも優しく寛容になれます。そして考えていた以上に、その呪いのような言葉に囚われて、いつしか自分を執拗に追い込んだり、落ち込んだり、焦らせたり、どんなに勉強をしても不安や劣等感を持っていることに気づいていけます。

その苦しい呪縛を少しでも解いていくためには、プロのセラピストの元でヒプノセラピー(催眠療法)を受けて過去を癒すセッションを誘導してもらうことがいいでしょう。あるいは瞑想をレッスンして深い意識の領域に入って自分で癒すことも可能です。

一人で行う場合は、次のようなステップで行ってみましょう。

〈1〉リラクゼーションチェアに座って目を閉じ、深呼吸を三回行いましょう。

〈2〉全身がふわふわ〜っとゆるんで、リラックスするのを感じていきましょう。

〈3〉初めにご自身の小さな子ども時代を思い出しましょう。小さな頃の一番はじめの記憶でもいいでしょう（自分のアルバムなどを思い出し、可愛く素直だった当時の顔を思い出しましょう）。

〈4〉その子どもはどこに立っていますか？　草原？　公園？　そして、そっと近づいて（幼少の自分）に声をかけてみましょう。今、何をしているの？　何を考えているの？

〈5〉いくつか会話をして子どもが答えたら受け止めてあげましょう。

「あのね、お母さんを待っているの」「そうなんだね。今どんな気持ち？」

「お母さんがいなくて寂しい」「そう、寂しいんだね。ではどうしたかった？」

「もっとそばにいて遊んでもらいたい」「抱っこしてもらいたい」「一緒にご飯を食べたい」「褒めてもらいたい」……「そうか。そうなんだね」

〈6〉子どもがこうしたかったということを受け止めて、「大丈夫だよ。今はちゃんとお母さんがそこにいて、抱っこしているよ」「ご飯食べているよ」など子どもが安心するまで声をかけて、対話をしながら寄り添って癒してあげましょう。イメージの中でいいので、小さな子どもをしっかり抱きしめてあげましょう。子どもが笑ったり、安心した表情になったら、「もう大丈夫かな？」と聞いてみます。

〈7〉そして大人の自分から小さな子どもに伝えたいことを言います。

「そんなにきちんとしなくていいよ」「もっとゆっくりたくさん遊んでいいんだよ」「お母さんはちゃんと見てるから大丈夫だよ」「お姉ちゃんでも頑張りすぎずに甘えていいんだよ」「お母さん、お父さんは、あなたを愛しているからね」など。

〈8〉安心した子どもを大人のあなたが優しくしっかり抱きしめてあげてください。

〈9〉最後に子どもが笑顔で「バイバイ」と手を振って、あなたから離れて元気に遊んでいく後ろ姿を見守ってください。

〈10〉イメージの世界から戻って全身でグーっと伸びをしてください。はっきりと目を覚ましてください。ここまで10分程度で行います。

この視点は、マインドフルネスでいうコンパッション＝思いやりの視点です。常に私たちは自分にも他人にも厳しく評価したり、頑張りすぎて疲れ果て、虚しくなったりします。私たちは気づいていないだけで、実は大いなる存在から愛されているのです。その存在に背を向けていると病気になって「ストップ！」がかかります。やる気がなくなったり、朝起き上がれなくなって初めて気づかされるのです。

心の奥深い意識の領域にある傷や辛い思い込みを癒し、自身に優しさを与えることで他者にも優しくなれ、あるがままの自分を取り戻せます。

MENTAL CONTROL

あなたを苦しめる認知の歪み10

■認識をしたら距離を置いてみること

認知行動療法では、スキーマからわきあがってくる典型的な「辛くなりやすい認知パターン（思い込み）」を10種類に分類しています。

自分の認知の歪みがどれに該当するのか、確認をしてみてください。

1 全か無か、白黒二者択一思考……物事を両極端に分けて決めつける。

・3カ月続いてトップの営業成績だったのに、直近の2カ月は最下位で終わってしまった。しかもあろうことかうっかり一度ミスをしてしまった。自分はもうダメだ。

本当は実力はないし、ミスまでして価値のない人間だ。生きている意味がない。

・ちょっとした諍いがあったり、非難されるとすぐに「どうせ私なんて必要ないんでしょ？　いない方がまし。だったら辞めてやる。死んだ方がいいんでしょ？」。

・結婚相手や好きになったパートナーに対して、何か揉めたときにすぐに「私なんていない方がいいのね」「じゃあ離婚しましょう」。

2　一般化のしすぎ……わずかな事例だけで、「全部同じ」と決めつける。

・婚活パーティに行って気になる女性とLINEをしたが、全然返事がない。どうせ自分を好きになる女性なんてどこにもいない。世の中の女性が自分を好きになるはずもない。

・今日訪れた高級ホテルのホテルマンのサービスがつっけんどんだった。一流ホテルというのは、どこも同じだ、気取っていて対応が冷たく雰囲気が悪い。

3　心のフィルター……いろいろな情報があるにもかかわらず、自分の尺度でネガティ

ブな情報だけを取り出して判断し、頭の中がすべてネガティブになってしまう。

・コロナの影響で飲食業界で働いていたが、リストラされてしまった。こんな世の中にいいことなんか何一つない。国、政治、社会全体が悪い。自治体が悪い。

・プレゼンで9割の人は反応が良かったが、一人から悪い評価のアンケートがあった。私のプレゼンは失敗だった。

4 マイナス化思考……どんな出来事も、マイナスの出来事にすり替えてしまう。

・部下があんなふうにいいことを言ってくれたけど、あれは単なるゴマスリだ。自分の出世欲ですり寄ってきて言っているだけだ。

・こんなレベルの仕事で上司が自分を褒めるなんて嫌味に違いない。

・こんなにトントン拍子でいくということは、このあと何か嫌なことが起きそうだ。

5 結果の飛躍……たいした根拠もなく、ネガティブな結論へと飛躍する。

・私に老人ホームの施設見学を勧めるなんて、私が死ねばいいと思っているのね。

・好きな人にメールをしすぎたら、きっと嫌われるに違いない。
・火山の噴火や地震が頻発している。この地球も、人類も、もう間もなく終わるだろう。

6　拡大解釈と過小評価……思い込みで、極端な自己評価をする。

・1時間もかけて食事をつくったのに、夫は黙々と食べてスマホを見ながら何も言わず部屋に戻っていった。「おいしかったよ」と褒められたためしがない。頑張っているのに何も言われずみじめだ。私の料理が下手だからだ。
・エクセル計算でミスがあった。私は他の人が普通にできている計算すらできない。情けない。

7　感情的決めつけ……自分が感じる感情が元となって物事を決めつける。

・痛みがあるのであちこちの医者に相談したが、どんな対処法でも治らない。こんな処方で良くなるわけがない。こんなに辛くて気持ちが滅入っているのにヤブ医者ばかりだ。

・あの人と会うだけでなんだか不快だ。これはもう人間関係を断ち切った方がいい。

8 「すべき」思考……自分の信念や価値観、常識から外れることを許さない。

・部下のミスを上司である自分がフォローするために残業をしている。しかし、その前で部下が「お先に失礼しまーす」と言って帰宅してしまった。部下は自分より遅くまで残業して働くべきだ。

・部下は上司のコップが空いたら、すぐに気がついてビールをつぐべき。

・妻は夫に尽くすべき。

・育児も家事も夫婦共々50%ずつやるべき。

9 レッテル貼り……人を肩書きや、一面的な情報によって認識し、差別、区別する。

・あの人は、偏差値の高い○○大学出身だから、仕事ができるだろう。

・あの人は毎晩六本木で遊んでばかりいるらしい。きっと仕事はできない。

・政治家はみんな金に汚い。あの議員も金の亡者に違いない。

10　個人化……ネガティブな出来事を自分のせいにして苦しんだり悩んだりする。

・子どもが受験に失敗した。子どもが第一志望に行けなかったのは私が働いていたせいだ。主婦だったらもっとちゃんと面倒が見れたのに。

・チームで出場して頑張って戦ったのに、私のせいで負けてしまった。

・この企画が立ち消えになったのは、うまくチームを引っ張れなかった私のせいだ。

どんな人にも、程度の差こそあれ、必ず一つはあてはまるものがあるでしょう。

このようなパターンに陥っている場合は、自分の思考が少し極端な思い込みから来ているのではないかと気づき、そこから距離を置いてみることが大切です。

そのうえで、**「そうは言っても、そうじゃないこともあるな」**というようにその思い込みを外していきます。

この具体的な外し方を、次章でご紹介いたしましょう。

MENTAL CONTROL

CHAPTER

3

自分の「思い込み」を外す

「変えられること」から手をつけるとうまくいく

■コツをつかめば「思い込み」は必ず外せる

自分の思い込みを外すために、まず認識してほしいことがあります。それは、私たちは、これまで自分が慣れ親しんできた〝心地の良い思い込み〟の中で生きているということです。そして、その思い込み、つまり私たちが「きっとそうだ」と思っている信念や慣れ親しんだ価値観にそぐわないことがあったとき、私たちはついイラっとしたり、わきあがった感情にその後の行動が左右されたりするのです。

常識と思っていた自身の価値観や思い込みを外していけば、相手を自分の思い通りにコントロールしたい、むやみに否定したい感情が軽減していきます。

そして、物事の捉え方が極端だったり、問題を外的要因にばかり求めていたりすると、メンタルが辛くなり、ストレスとなり、多くの困難を抱えてしまう、というのはここまでご紹介してきたとおりです。

しかし、一方でこの思い込みを外すのは、とても難しいことだとも言えます。なぜなら、それらは、これまで生きてきた中で「それが正しい」「そうするべき」という強い信念として凝り固まっているからです。

自分の信じる道徳感や価値観、会社の在り方、社員の在り方、人間関係における在り方や慣習に対し「こうあるべき」と信念を強く持つこと、それ自体は決して悪いことではありませんが、時代や相手に合わせてしなやかに変えていくこと、やんわりと受け入れていく方が、より心が健全で感情がフラットでいられることが少なくありません。

この思い込みに気づき、意識をすることは、コツさえつかめば実はそれほど大変ではありません。

「自分にはそういう極端な思い込みも確かにあるなぁ」「ちょっと気持ちを楽にしてみようか」「まぁ、そういうこともあるよ。時代が変わっているんだ」と俯瞰して眺め、これを外していくことで、心の容量が増え、仕事も人生もどんどんラクになります。人間関係のストレスが減り、メンタルが安定していくのです。

■変えられること、変えにくいことを仕分けする

このとき、大事なポイントは、

「私たちがすぐに変えられることと、変えることが難しいこと、あるいは変えるのに時間がかかりコントロールが困難な事柄があること。そしてそれは、あらかじめ分けておくこと」

です。私たちは、図のように自分を取り巻くなんらかの事象（日々のニュースでの出来事やSNSの投稿、職場での人間関係、家族との出来事など）に日々苛まれて、イライラしたり、落ち込んだりしています。それらの出来事に触れて一喜一憂し、感情的な反応のパターンを繰り返して、疲弊してしまいます。

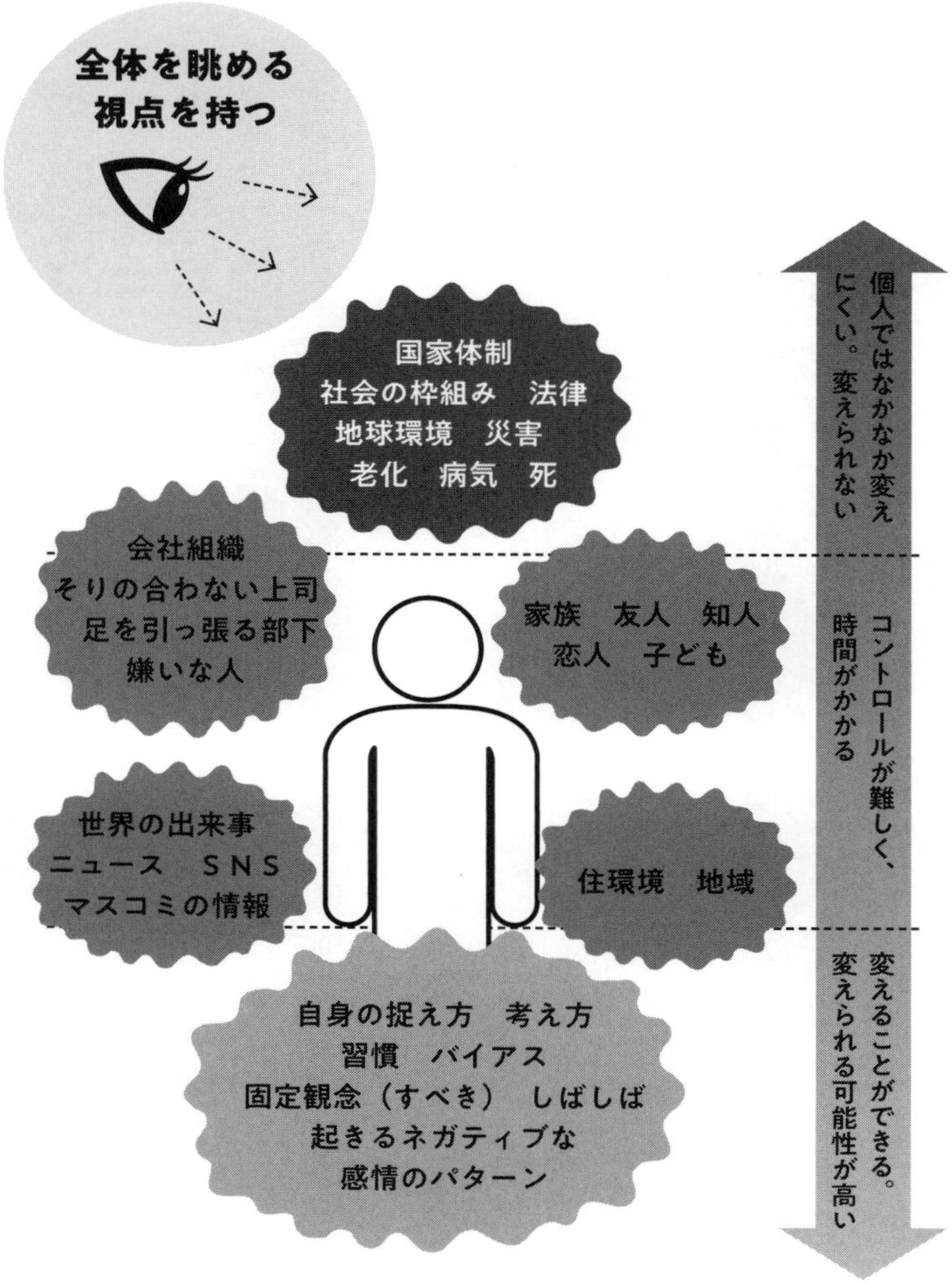
全体を眺める
視点を持つ
国家体制
社会の枠組み　法律
地球環境　災害
老化　病気　死
会社組織
そりの合わない上司
足を引っ張る部下
嫌いな人
家族　友人　知人
恋人　子ども
世界の出来事
ニュース　SNS
マスコミの情報
住環境　地域
自身の捉え方　考え方
習慣　バイアス
固定観念（すべき）しばしば
起きるネガティブな
感情のパターン
個人ではなかなか変えにくい。変えられない
コントロールが難しく、時間がかかる
変えることができる。変えられる可能性が高い

図３－１　あなたを苛む周囲の事象

例えば、戦争をしている国やその権力者の存在、その国の制度などに対して、強く怒りを覚えることはありますが、直接介入することは、総理大臣であっても難しく、市井にいる私たちではほぼ不可能でしょう。または、職場に苦手な上司がいたとしても、部下には異動をさせる権限はありません。

このようなコントロールできない事項については「一旦、距離を置いて見てみよう」と捉えることが大切です。そして、自分がまずできるところから着手することです。例えば、諸外国が戦争などで分断されていることは簡単にはコントロールできないから、自分は身近な人と分断が生まれないよう、仲良くやってみようという具合にです。

身近な人でも、相手を自分の思い通りに変えるのは難しい場合があります。それでもつい、私たちは「私は好きだから彼にも好きだと言ってほしい」「何とかして相手を自分の思い通りにしたい」「家族にはこうあってほしい」と思いがちです。

まずは自分の捉え方を変えるセルフコントロールから入って、一旦時間をかけて落ち着いてみること。その次に自分の視覚に飛び込んでくる身近で手の届く範囲でできることは何かを探して行動してみる。そのようなステップを踏んでみてください。

嫌な上司がいる場合、今は相手を変えられないけれど、私の捉え方を変えることでいつか必ず、上司や周りに意外な変化が起きるだろう。そのことを見届けてみようと考えてみることです。

次にとりあえず簡単にできることをやってみます。
①街を歩きながら、緑の樹木の綺麗な色彩を視界に入れて深呼吸を3回する。
②相手の不機嫌、イライラはその人が何かストレスを抱えているので、かわいそう、なかなか変えることはできないと捉えてみる。
③私は、反応しすぎているだけだから、反応しない。極端なネガティブの渦に入り込まず、今ここの仕事に集中する。
④仕事のあとは、好きな本や映画に没頭してゲラゲラ笑う。
自分が幸せと感じることや没頭できる時間を増やすといいでしょう。
自身が常に気分よく過ごせるような心の捉え方、体への向き合い方、呼吸への注意の向け方など、こうした小さな行動を起こしているだけで気がつくとやっただけの価値があったことがわかります。

そして、あなたが変わったとき、**気づけば周りが変化していた**ということが起きるのです。私自身、このことは何度も体験してきたことです。自分が変われば周りが変わる。自分の捉え方が変われば、世界はきらめいて見える。まず、スタートは自分自身の捉え方に注意を向けて、焦らず時間を使っていきましょう。

こうした小さな行動については、5章でご紹介いたします。

MENTAL CONTROL

認知に気づいて楽になるワーク「七つのコラム」

■七つのことを書き出すだけ

自分の思い込みを可視化する方法として、前章でネガティブな自動思考を書き出すワークについて紹介しました。

何か嫌なことがあったときに生じる辛い感情から、目を背ける人は少なくありません。しかし、見たくない、ネガティブなものに向き合い捉え方を適応的に変えていく中にこそ、本当の解決があります。その具体的なメソッドが「七つのコラム」です。

これは、日本における認知行動療法の第一人者で、国立研究開発法人国立精神・神経医療研究センター認知行動療法センター顧問である精神科医の大野裕先生が開発した手法です。具体的には、マイナスな感情に襲われたとき、次の七つを書き出すだけ、というとてもシンプルなものです。

頭の中に浮かんだ思考や感情をありのままに書いて紙の上にアウトプットすることは、一旦冷静さを取り戻すだけでなく、頭の整理にもなり、自分が何を考えているのか、どんな感情が浮かぶのかを客観的に捉えることができ、それによってどのように対処すべきかが見えてきます。

また、自分の考えをアウトプットすることで、嫌な気分が軽減します。書き出すという行為は自分軸を持つトレーニングにもつながり、本当は言いたかったこと、伝えきれなかったことをあらためて言語化することで思考が冷静かつ論理的になり、次に同じような場面があったとき、相手にきちんと言葉で伝えることができる可能性が高くなります。そして実際にできると自信にもつながります。

そして、この手法の最大のメリットは、**「そうは言っても、根拠はなんだろう？　事実はどうなのだろう？　しなやかに考えよう」**と捉えていくことで、認知の歪みを正していけるのです。いくつか例を見ていきましょう。

①状況 どのようなことが 起こりましたか？	
②気分（%） どのような気持ちですか？	
③自動思考 どのような考えが頭に 浮かびましたか？	
④根拠 考えを裏づける事実は 何ですか？	
⑤反証 反対の事実はありますか？	
⑥適応的思考 しなやかに考えると？　親友 に相談されたらどう答える？	
⑦今の気分（%） 気分は変わりましたか？	

※ポイントは「適応思考」。77ページで見たように「他者だったらどう考えるか」「親しい友人に相談されたらどう答えてあげるか」という視点に立って書いてみてください。

図３－２　七つのコラム

CASE 01

お客様からのクレーム

1 **状況：**お客様から大きなクレームがあり、契約を破棄すると言われた。上司に報告したら厳しく注意をされた。

2 **気分：**ショック95％　悲しい90％　不安80％　ドキドキ60％

3 **自動思考：**悲しい。正直自分が１００％悪いとは思えない。商品のことはきちんと伝えたつもりだし、お客様が勝手に思い込んで感情的になったと思う。謝るにも気持ちが追いつかない。私の気持ちを上司に聞いてもらえていないのも辛いし、私の肩を持ってくれないのもショック。契約破棄されるなんて、今まで頑張ってきたのにどうしよう。

4

根拠：お客様が一方的に怒鳴るばかりで、こちらの言い分は聞いてくれず、契約をすべてなしにしろという一点張りで電話を切られた。上司は私の話を最後まで聞いてくれず、私が100％悪いというきつい言い方だった。私が何かを言おうものなら、「参ったなあ」としか言ってくれないで逃げ腰。

5

反証：過去にも、確かにお客様からのクレームはあった。そのときは、こちらがすべて悪くなくてもしっかりと誠心誠意謝ったら、こちらのいうことを聞いてくれた。クレームにしっかり向き合うことで、最後はお客様の態度が柔らかく変わって、結果交流することができた。

6

適応的思考：お客様が怒るのも理由があるはず。こちらも伝わっているはずと勝手に思い込んでいたのかもしれない。そこは一旦反省すべきか。これからは十分に商品の内容などをご理解くださったかどうかをよく聞いてみる必要があるだろう。まずはしっかりと陳謝してお客様の気持ちを汲み取ってからこちらの意向も冷静に伝えてみよう。それでダメなら仕方がない。命を取られるわけじゃないし、大損害を出すまでには至っていない。上司には、もう一度冷静に伝えて私がショックだったことや一緒に対応してもらえるか聞いてみよう。

7　今の気分：ショック50%　悲しい50%　不安40%　ドキドキ30%

最後に、行動できることをメモしましょう。

明日一番でお客様に電話をして誠心誠意謝り、上司に報告し一緒に対応してほしいと言おう。

CASE 02
慣れない部署への異動

1 **状況**：人事異動があり、春から他の部署へ移ることになった。せっかく前の部署に慣れて仲間もでき楽しく仕事をしていたのに、新しい部署で知っている人もいないし、仕事はこれまでしたことのない業務でわからないことが多く不安と焦りがつのっている。時々眠れないことがある。

2 **気分**：不安90%　焦り80%　ドキドキ60%

3 **自動思考**：自分と相性が合わない人がいたら嫌だな。できない仕事を押し付けられたらどうしよう。仕事ができなかったらまた違う部署に異動になって結局はこの会社のリストラ対象になるのではないか。自分はエリートじゃないし。能力の限界を感じる。

4

根拠：学歴も高い方とは言えないし、仕事も抜きん出ているとは言えない。取り立てて会社に貢献しているとも言えない。上司から高い評価をもらっているとは言えない。

5

反証：過去には上司に褒められたこともあった。前の部署ではそれなりに大きなミスもなく、メンバーたちと和気藹々と仕事をしていた。取り立てて大きな成果はないものの、みんなと調和しながらなんとか乗り切ってきたし、以前も部署に配属された当初は緊張していたが、次第に慣れて人との付き合いはなんとかうまくやってきた。

6

適応的思考：きっと初めは緊張するかもしれないが、次第にチームにも慣れてくるだろう。大きな成果はなくても、仲間や調和を大事にしているし、癒し系と言われたことがある。わからない仕事はできる限り聞いて実直に真面目に取り組めば次第に周りは受け入れてくれるはず。考えてみれば以前もドキドキしていたが、笑顔で挨拶するうちに、みんなからランチに誘われるようになった。なんとかなる。

7 今の気分：不安60%　焦り40%　ドキドキ30%

最後に、行動できることをメモしましょう。

新しい部署に行ったら、まずは笑顔で挨拶から始めよう。

CASE 03

子ども同士のトラブル

1 **状況**：仕事中にママ友からLINEが来て、子ども同士が喧嘩をしたと報告があった。うちの子が先に手を出して、相手のお子さんが泣いて帰宅したという。いつも高圧的で苦手なママなので、ちょっと怖い。

2 **気分**：ショック80％　不安80％　怖い60％

3 **自動思考**：子ども同士の喧嘩なのに、いつも親が入って謝り合うのはどうかと思う。そりゃうちの子が手を出したのは悪いと思うが、いつも彼女は声が大きくすぐ噂を広めるし、マウントを取られている気分。謝るのも怖いし、不安。気分が落ち込む。こっちは仕事で忙しいのに、相手は暇なのかしら？

4

根拠：いつも相手の親からのＬＩＮＥで常に注意されている。常にうちの子どもが悪いわけではないことが何度かあった。今回も同じ状況じゃないかと思うと気分が滅入る。

5

反証：そうは言っても、以前うちの子どもが先に手を出して、怪我をさせてしまい謝ったことがあったが、以前はちゃんと謝れば、許してくれて笑顔で対処してくれた。

6

適応的思考：声が大きくて高圧的なところがある人だけど、いつも子ども同士は仲良く遊ばせてくれるし、喧嘩がなければうちの子どもも家にお邪魔しておやつをくれてよくしてくださる。気分がいいときは、笑顔の素敵な人だ。子ども同士が仲良くしてくれたらそれでいいし、彼女とは一生付き合いが続くわけじゃないから今回もちゃんと謝っておこう。

7　今の気分：ショック50％　不安40％　ドキドキ30％

最後に、行動できることをメモしましょう。

まずはＬＩＮＥで謝って、息子にも事情を聞いてから一緒に相手の家に謝りにいこう。

CASE
04

同僚からの嫌がらせ

1 **状況**：私の部署に異動してきた人が、とても攻撃的な人で策略を使って私をチームから外したり嫌がらせをした。人事に相談しても異動はさせてもらえず、どうしたらいいかわからないままメンタルが落ち込んでいる。

2 **気分**：不愉快99％　辛い80％

3 **自動思考**：なんで私を攻撃するんだろう？　毎日が本当に辛い。話もできない状況なので本当は職場を辞めたいけれど、生活に困る。せめて異動させてもらいたい。

4 **根拠**：その人はいつも笑顔がない。常にイライラした態度で言い返してくる。私のマグカップがいつもと違う棚にあるなど明らかに嫌がらせをしている。

5　反証：異動したばかりの頃は、素直な感じで私からの仕事を快く受けてくれていたし、笑顔もあった。仕事は速いしミスもない人だ。

6　適応的思考：本当に嫌がらせなのかは確たる証拠もない。気づかなかったけれど何かきっかけがあるのかもしれない。もしかしたら私に原因があるのかもしれない。覚えはないけれど、もしそうなら、向き合って理由を聞いてみよう。直接だと不安だから第三者を入れて話をしてみるのも一つかも。第三者に相談しよう。

7　今の気分：気分が楽になった60%　辛い50%

最後に、行動できることをメモしましょう。

人事部でもう一人相談ができる人がいたので、その人にメールで相談の依頼をすることにした。一緒に原因を探って解決してみよう。

MENTAL CONTROL

日常への取り入れ方

■なぜ「自分」の認知を変えるのか

ここまで読まれてきて、次のように感じた方がいらっしゃるかもしれません。

そもそも、メンタルコントロールをするためになぜ「自分」の認知を変えるとよいのでしょうか？

それはシンプルに言えばこの複雑な世の中で**「相手も自分も傷つけずできる限り人間関係を良好にし、心を安定させることができる」から**です。

感情的になった苛立ち、怒り、憎しみというエネルギーは、自身の状態や思い込みについて丁寧に俯瞰をしながら「認知」して理解していないと、反射的に他者へその不快な感情をアウトプットしてしまうからです。時に暴言として想像以上に相手を傷つけたり、無意識のうちに険しい表情になったり、無関係な家族に当たったり、自分自身でも予想していなかったような行動に出てしまうことで、人間関係を壊してしまうのです。

無意識の「ついうっかり」から出た鋭利な言葉のナイフが相手の心を刺してしまうと、後戻りできなくなります。そうなってしまうと、相手の許しを乞うにも時間と誠意と労力が予想以上にかかるものです。

逆に、我慢して感情を抑えたまま封印して処理せずにおくと、自責の念や自分は価値がない存在だという思い、不安、恐怖などのネガティブな感情に襲われて、自分自身をじわじわと傷つけることになります。長期間にわたれば鬱症状などをきたしかねません。

誰もあなたのことを責めていないにもかかわらず、自身のクセや習慣として被害者意識になり、自分を傷つけストレスを抱え込むのであれば、そのような認知のあり方

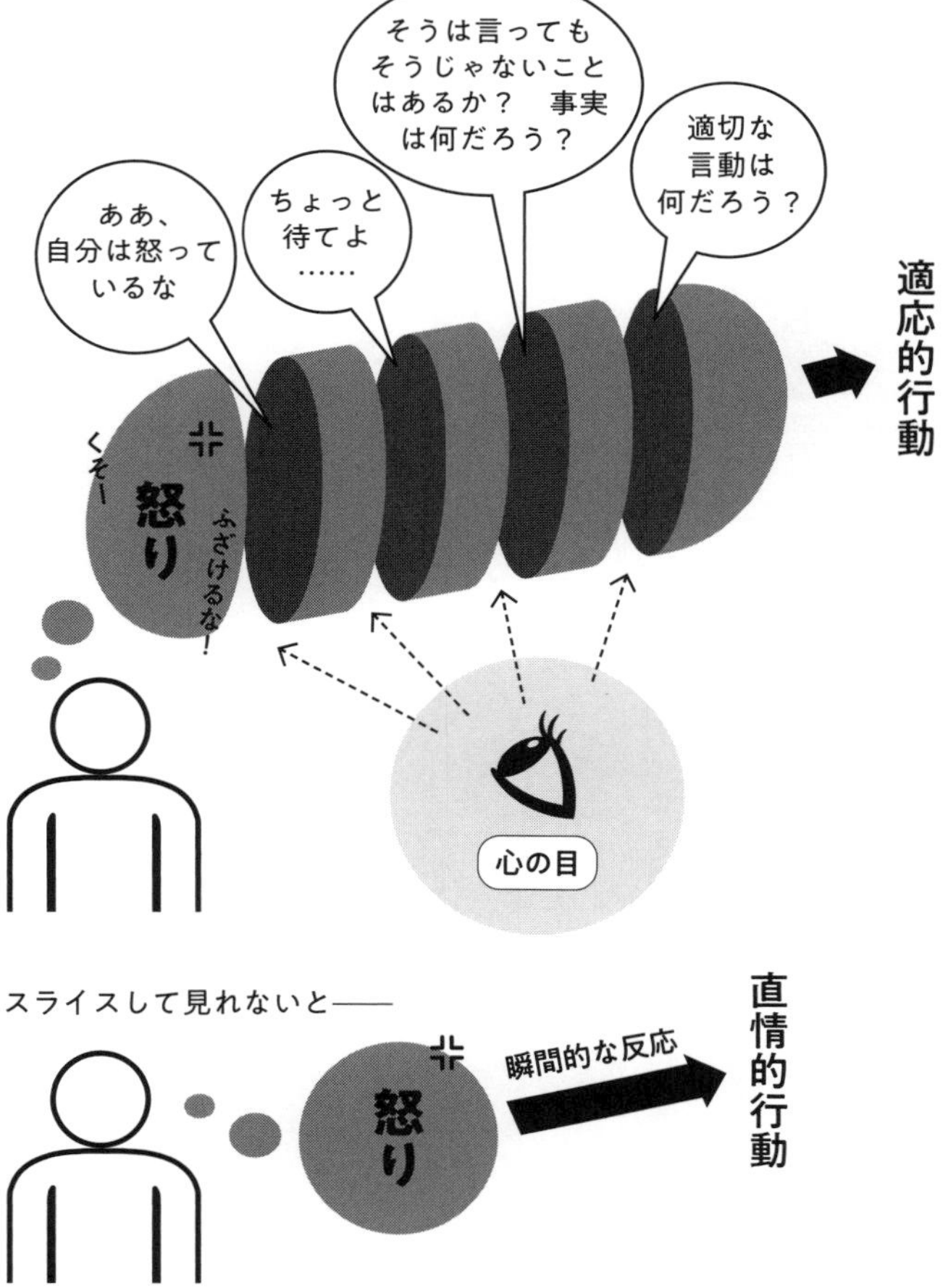

図３－３　解像度を上げて感情をスライスして見る

をできるだけ早く手放していくことが、心の安定にとって必要です。

■解像度を上げて感情を見てみよう

では、自分の認知を変えていくために、日々の生活の中で、具体的にどのようなことをしたらいいのでしょうか？　七つのコラムの手法とともに、次のようなことを行っていくことをお勧めします。

なにか不快な出来事が起きたとき、そのネガティブな反応を脳内で**スローモーション再生**し、それをスライスするように、つぶさに観察していくのです。あたかも映画『マトリックス』の戦闘シーンのようにです。ご覧になっていない方に説明をすると、主人公が敵役と闘うとき、相手の動きがスローモーションのように１コマ１コマ、とても高い解像度で見える状態です。前ページの図をご覧ください。

同じように、私たちも実は日々練習していけば、瞬間、瞬間に浮かんでくる感情をスライスし、ゆっくりと高解像度でみることができるようになります。認知を意図的にスローモーションで捉えて、適応的に変えていく方法です。

CASE 01
部下に対する苛立ち

1 **状況：**部下が期限付きでギリギリに仕上げてきた企画案が、あなたが指示し意図したものとまったく違っていた。

そのときの部下に対し浮かんできた感情を脳内でスライスすると……。

2 **自動思考スライス：**えー！　何だよこれ！　全然使えないじゃん！　ああ、もうまったく何やってんだよ。ホンット、イライラするなあ！　10ページあるうちのほとんどが使えないだろ！　ちゃんと丁寧に説明したはずなのに……ほんと、お前ばかなの？　何度言ったらわかるんだ？　もう間に合わないじゃん。くそ！　ぼけ！

自分の感情や思考をこのように一旦丁寧にスライスして脳裏に浮かべその後……

「と思った」と自分の心の会話をありのままに確認していく。

ここで一旦深呼吸する。

距離を置いたイライラをあらためて違った言葉にして事実をありのままに受け入れ観察する。

今、自分は腹が立っているんだ。ばかな部下に対してムカついている。しかし、それを指導しているのは自分だ……。彼をコントロールしようとしても簡単じゃないからイライラしている。考えてみたら、自分が子どもの頃、親からばかと言われたことがあるな。友達にも言われたことがある……だから同じ言葉を使ってやり返したい気持ちがわいているのかも。つい瞬間的に言ってしまいそうだ……ちょっと待てよ……。

少し落ち着いたら、次に認知＝捉え方に「そうは言っても」と入れてみる。

3

適応的認知：そうは言っても彼が挙げてきた企画の全体のうち、最悪2ページくらいは使えるか……。まぁ本当は自分がやったほうが早いけど、それじゃ彼の成長につながらないな。自分が若いときも上司から怒られながらやり直したっけ。まあ、とりあえず、彼が期限を守ってきたことは認めるとして、残りの8ページを期限内にもう一度やり直してもらおう。

もう一呼吸しながら、ここで相手に対して的確な言動を選択する時間をつくる。

4

行動：あのね、忙しいなか頑張って今日までにやったことは認めるよ。それに2ページはなかなか良く書けていると思う。説得力あるしね。ただね、後の8ページは、僕が伝えた意向とかなり違ったものになっているんだ。もう一度、こちらの意図を伝えるから、しっかり理解してくれないかな？　そのうえで書き直してもらいたい。いつまでに書き直しができる？

部下は全否定されずまずそれなりに頑張ったことを認めてもらえた箇所がわかりホッとします。その後、注意をされたところを確認し、上司の言うことを今一度理解して自身でやり直そうとするのではないでしょうか。バカと言ってしまえば、それは人格否定になりかねません。いつまでにできるかを、部下に決めてもらい自分で責任をもつことで部下なりに頑張れます。

CASE 02

新しい環境への不安

1 状況：自分は新しい仕事場に配属された。全然知らない人ばかりだし、環境も以前とは異なる。今日からスタートで不安が募る。ドキドキ緊張して喉が乾く。

ここで自分の脳裏に浮かぶことを自動思考してみましょう。

2 自動思考：うわぁ……どうしよう……みんな忙しそうで、話しかけにくいなぁ……。何がどこにあるんだろう？　ずっとこのままじゃ仕事にならないし……ここで突っ立っていても、こいつなんだ？　と思われるなぁ……。初日からこんな緊張して、まずいなぁ……それにしても空気が重い……。

「……と思った」。というふうに一旦深呼吸してありのままに自分の感情を受け入れ

る。心の会話を確認する。そのうえで、あらためてその状態を詳しく言語化してみましょう。

今、自分は不安なんだ。緊張している。体も硬くなって呼吸も浅い。仕方ない。自分は新しいところになれるのに時間がかかるだろう。緊張しやすいのはいつものことだ。ありのままを受け入れよう。この雰囲気が重いというのも自分が思い込んでいるのかもしれない。

ここで、一旦自分の呼吸や体に注意を向けてみる。そして「そうは言っても」と事実がかつてあったかどうかを引っ張り出してみましょう。

3　適応的思考：そうは言っても、以前あるバイト先でも初めての職場で似たようなことがあったな。初めは緊張していたけれど、まずは挨拶をして、それから何がどこにあるか、誰に教えてもらえばいいかを落ち着いて聞いたらやさしく教えてくれた。厳しい人ばかりじゃないはず。緊張していて当たり前。大丈夫、自分！
大きな声で、笑顔で頑張れる！

もう一度深呼吸をする。

4

行動：おはようございます！　○○と申します。今日からよろしくお願いします！　すみませんが、文房具とかＰＣはどれを使ったらいいのでしょうか？（いつもより大きな声で伝えることができた！）

職場の人がその声に気づいて、挨拶を交わし、やさしく丁寧に対応してくれるのではないでしょうか。

CASE
03

大きなミスによる落ち込み

1　**状況**：人生で初めてとんでもない大きなミスをしてしまった。ショックで落ち込み、自分に自信がなくなる。

思い浮かぶままに言葉にしてみる。

2　**自動思考**：うわあ！　やばい！　やってしまった……こんな大ミス、許されないなあ。きっと異動か左遷だ……。そうに違いない！　せっかくここまで長く順調に仕事をしてきたのに、この年齢で大きなミスをするとは……もう自信がなくなった。ああ、もうダメだ。家族に合わせる顔がない。これから子どもが進学してお金がかかるのに、給料減らされるかも……。もっと、事前にチェックしておけばよかった。なんであのとき、きちんとやっておかなかったんだろう？　なんでなんだ！　俺のせいだ。社員の皆に迷惑をかける。上司の顔色は青ざめていた……。ああ、もう自分が嫌になってきた。もう生きていたくない。

……と思ったと自動思考を言語化してラベリングする。一旦、深呼吸。

もうガックリだ、本当に情けないと思っている。恥ずかしい……。自分に自信がない。自分が嫌になった。何をやってもダメな人間だ。この先いいことない。ため息しか出ない。どこかに逃げてしまいたい。ああ、もう無理と深く落ち込んでいる。

もうひと呼吸をして、それは極端な認知の歪みではないか？　と考え、そうは言っても……と続けてみる。

3　適応的思考：そうは言っても、大きなミスではあるが、絶対に取り返しがつかないというところまではいっていない。この会社が潰れるわけではないだろう。まずはしっかり謝り誠意を見せるしかない。周りに迷惑をかけるが、人間だから失敗はある。とにかくご迷惑をかけた各所に謝ろう。異動をさせられたら、それは仕方がない。転職するわけじゃないし、恥ずかしいけど同じ会社内だからそこでまたチャンスはあるはず。人生はまだ先がある。病気で動けないわけではない。借金を抱えるわけでもないし、命を取られるわけではないから、もう一度しっかりミスをしない対策をして仕事をしよう。家族のために……そうだ。自分には支えてくれる家族がいる……。

4　行動：誠意を見せて謝る。同じミスをしない対策を上司やチームと一緒に立てる。もし異動になったら、気持ちをリセットして仕事に邁進する。

このようにやるべきことが明確になります。起きてしまったことは仕方がありません。一時の恥は乗り越えられます。自尊心を持って今後は反省し、気持ちを切り替えて業務を行えばいいのではないでしょうか。

MENTAL CONTROL

ポジティブシンキングでは問題解決できない

■負の側面に目を向けるから解決できる

この章の最後に一つ注意していただきたいことがあります。

「認知行動療法は、単なるポジティブシンキング＝『楽観的な思考に導く方法』ではない」と認知行動療法の第一人者である大野裕先生は警鐘を鳴らしておられます。

「ポリアンナ症候群」と呼ばれるものがあります。これはかつてアニメにもなった「愛少女ポリアンナ物語」というお話に由来するもので、父親を亡くして孤児となった主人公のポリアンナが、貧しさや不幸に負けず頑張って生きていくという物語です。

このポリアンナ症候群の特徴は「直面した問題に含まれる微細なよい面だけを見て負の側面から目を逸らすことにより、現実逃避的な自己満足に陥る心的症状」です。

これは現実逃避の一種だと言い換えることもできます。

嫌な出来事や反省すべき問題があっても、そこに向き合わず「ああ、いろいろと学べてよかった」と捉えたり「いつかは素晴らしい人と結婚できる」と考えて何も行動しない人など、厳しい現実を見ずに、単純に物事をプラスに捉えて問題解決に向き合わないことを指します。

「よかった」探しは適度に行えばよいのでしょうが、度が過ぎると現実逃避になってしまいます。

大野先生は「認知行動療法は、悩める人々をポリアンナ症候群に至らしめる罠ではない」と断言されています。

■原因が「環境」にあるケースも

事例を紹介しながらもう少し詳しく見てみましょう。Ａさんのケースです。

「職場の同僚たちが週末ディズニーランドに行きました。でも自分だけ誘われなかったのです。『みんなが私のことを嫌いだから誘ってくれなかった』と考えて落ち込んで深く傷ついていました」

Aさんの様子を心配した友人が、聞きかじった認知行動療法の知識を使って、「そういうふうに考えるから落ち込むんだよ。いつも週末も仕事が忙しいあなたのことを気遣って、誘わなかったのでは？ そういうふうに見方を変えれば、気持ちが楽になるよ」とアドバイスをしました。

この助言は一見もっともなようですが、無理があります。「嫌われている」という考えは、確かに根拠のない思い込みかもしれません。でも「みんなが気を使ってくれた」という考えにも根拠はありません。

この状況ではやはり、嫌われている可能性も十分あります。それなのに「気を使ってくれた」と楽観的に捉えているだけでは、「空気が読めないやつだ」と思われて、ますます状況が悪化するかもしれません。そしてあるとき、本当に嫌われているとわかって、更に傷つくかもしれません。

この例では、誘われなかった人が現実にきちんと目を向けないで、最初から諦めていることが問題なのです。みんなと仲良くしたいのに、実現できないために悩んでいる。「どうせ駄目だ」と決めつけているのです。

「このような無意識にわいてくる思い（自動思考）を一旦ストップして、現実に目を向けて、本当に駄目かどうか確かめてみる。そして、みんなと仲良くするためにはどうしたらいいか、工夫してみる。そういうふうに考えを変えて行動して実験してみることが認知行動療法なのだ」と大野先生はアドバイスしています。

もうひとつ注意しなければいけないのが、**問題が「環境」にある**場合も少なくないということです。

この例では、職場に問題があって仕事が一人に偏り、同僚が誘いたくても誘えない状況かもしれません。職場にいじめが存在する可能性もあります。そうした場合には個人レベルではなく、職場全体への働きかけが必要になります。周囲の環境にも目を向けて考えることも併せて必要になってくるでしょう。

次章では認知に大きな影響を与える環境へのアプローチのしかたを見ていきます。

MENTAL CONTROL

CHAPTER 4

外部からのアプローチで「認知」を変える

MENTAL CONTROL

環境を変えてプラスの影響を及ぼす

■先天的に落ち込みやすい人にも有効な方法

ここまでお読みになった方の中には、認知や心のあり方を変えることを、まだまだ難しいと感じる方もいることでしょう。

例えば、近年注目されている、他者の言動や表情に敏感で些細なことで落ち込んだり、気になって苦しい、辛いと感じたりするなど、ストレスを受けやすい、感じやすい、いわゆる「ＨＳＰ」（Highly Sensitive Person、通称「繊細さん」）など、生来のものとして、そのようなストレスを受けやすい方がいるのは事実です。

実は、最先端の脳科学の分野では「遺伝子多型」と言われる脳のシナプスの一部にある部位が一つの研究対象になっています。

これは、脳細胞のシナプスの末端にある場所に、セロトニントランスポーターという小さな突起があり、その長さが短い人（SS＝ショートショート）と長い人（LL＝ロングロング）がいるというものです。

SSの人は、睡眠やリラックスにとって重要なセロトニンというホルモンが脳内にしっかりと伝わらないことで気分が落ち込みやすかったり、ちょっとしたことが普通の人以上に気になったりネガティブになりやすいと言われています。

特に外的な要因に影響を受けやすいとされ、例えば相手の表情がちょっとしかめっつらなだけでも、脳の部位である扁桃体が反応してしまい、怖いと感じたり、ストレスを感じやすかったりします。

逆にLLのトランスポーターを持っている人は外的要因に対し、あまり気にせずストレスと感じません。

つまり、**生得的＝生まれつきメンタルコントロールがしづらい脳機能を有している人が存在する**ということです。後天的な認知の歪みではなく、先天的な原因でストレスを感じやすくなることがあるわけです。

しかし、そういった方でもメンタルコントロールを上手に行うために、認知のトレーニングをすることが長期的には有効である一方、今すぐにできることがあります。

それが**「環境を変えること」**です。

■環境を変える効果の科学的エビデンス

私たちの心は、環境から大きな影響を受けており、環境を変えることで、心にプラスの影響を及ぼすことができます。

例えば、気分転換をしようと、意識して部屋を片付けてみたり、外出をしてみたりすることがあると思います。あるいは旅に出たり、引っ越しをしたり、山や海に行ってみたり「環境を変える」ことで、気分が変わることもあるでしょう。

環境を変えることが心にポジティブな変化をもたらす、科学的なエビデンスも存在しています。その一つが森林の散策です。

セロトニントランスポーター遺伝子多型による
森林散策頻度とメンタルヘルス不良の割合

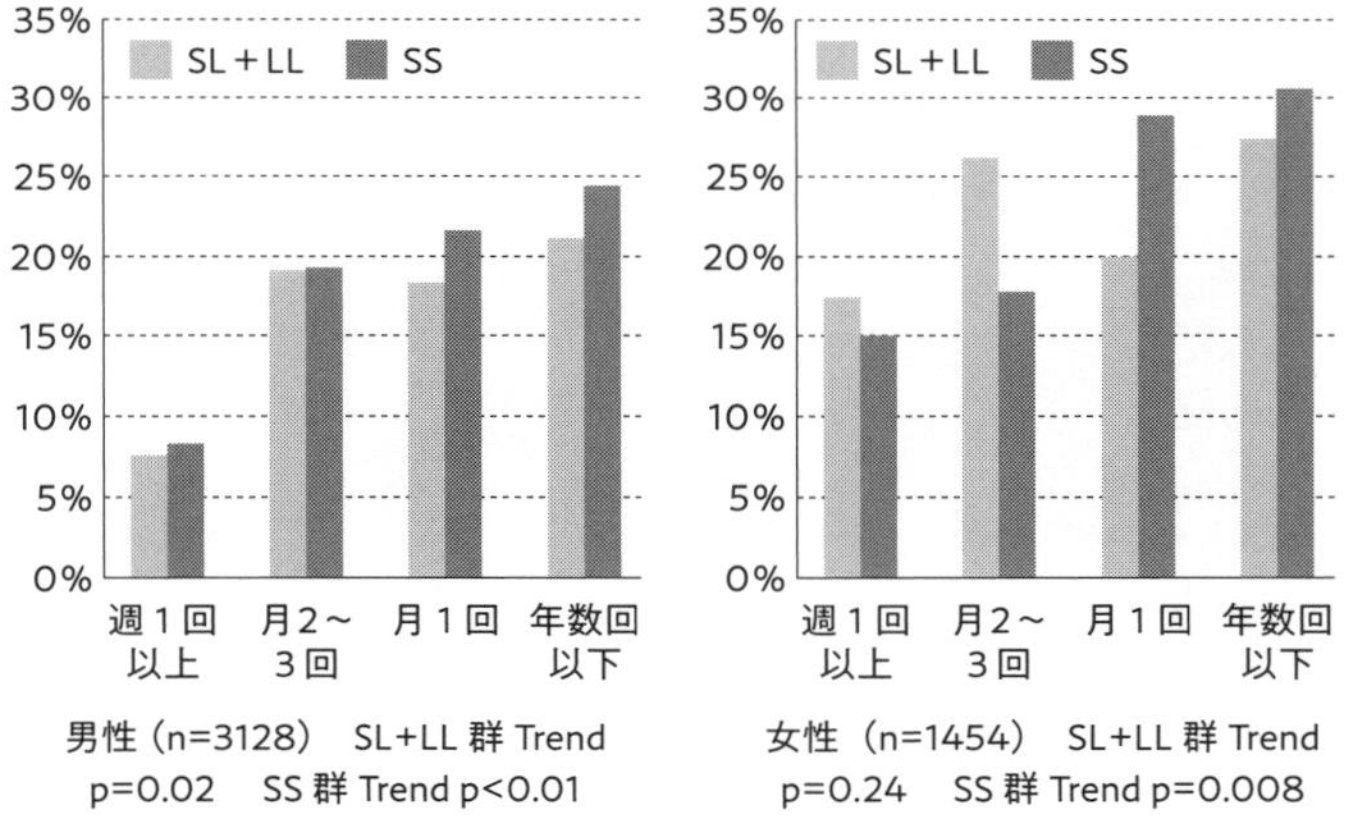

男性（n=3128） SL+LL 群 Trend p=0.02 SS 群 Trend p<0.01
女性（n=1454） SL+LL 群 Trend p=0.24 SS 群 Trend p=0.008

遺伝的にストレスに弱い人のうち、森林浴をたくさん行っている人はメンタルが安定する

図４－１ 森林散策にはストレス軽減効果がある

前述した遺伝子多型（ストレスを感じやすい遺伝的な体質）の解析対象者となった4582人（男性3128人、女性1454人）を対象にした調査では、ストレスに弱いとされるSSタイプのうち、高頻度で森林散策を行っている人は、そうでない人に比べ、ストレスの軽減効果が高いことがわかりました。なお、この心理的効果は、散策のコースや距離や時間との相関関係はありませんでした。つまり、しばしば森林など自然の中へ出かけること自体に効果があることがわかったのです。

もし、落ち込んだことがあったり、なんとなく気分がさえない、ため息が出たりするときは、まずは30分でも1時間でも、緑の中を散策してみることです。都会であれば樹木のある公園でもかまいません。できればスマートフォンを置いて歩くことで、ストレスが軽減され心が安定していくはずです。

MENTAL CONTROL

環境を変えて認知を変える方法

■行動科学からのアプローチ

前項で見たように、人の心は、環境から大きな影響を受けています。

メンタルコントロールを行うために、認知のあり方を見直す一方で、**環境を整えることで、心を切り替える**アプローチは有効です。

心理学では**「行動科学」**という領域があり、人の行動を変容させるには環境要因を変えることが重要とされています。環境要因を変えることで、行動が変わるという科学的エビデンスがあるのです。

例えば、このような実験があります。

あなたはT字路に向かって歩いています。突き当たりにさしかかったら、右、左、どちらに行きますか？

データを取ると、左右それぞれほぼ50％ずつとなります。

しかし、そのT字路の左角に「←こちらに行くと運が良くなります」という看板がついていたら、どちらに行きたくなりますか？

結果は、その看板を置いただけで、左へ行く人が、60％から70％、右は40％以下と変化します。

当然のように思えるかもしれませんが、これは環境要因を変えただけで、人の行動が変わることを意味しています。

同様に「ここに車を止めないでください」「ゴミ捨て禁止」「トイレをきれいにお使いいただきありがとうございます」という張り紙にも効果があり、清掃が行き届いた道では、ゴミのポイ捨てができないことがわかっています。

つまり、目に入る環境（情報）をほんのわずか変化させるだけで、人の脳内機能を変化させ、行動が劇的に変わることが科学的にわかってきているのです。

環境要因を劇的に変えるのであれば、外国や見知らぬ土地で暮らす、引っ越しをするなどの方法があるでしょう。

海外であれば、日本とはまったく異なる価値観に触れて、「しなければならない」という思い込みから解放されたり、都市から自然が豊かな場所に身を置くことで、気持ちが落ち着いたり、ということが期待できます。

■身近な環境を変える方法

そのように劇的に環境を変えられない場合は、部屋の中の環境を変えてみましょう。ちょっとした工夫で交感神経が沈静化して副交感神経が優位になり、脳内の状態が変わっていきます。

手軽にできる環境の変え方の例をご紹介します。

●エッセンシャルオイルを部屋の中でたく

エッセンシャルオイル（アロマ）は、鼻腔を通り、脳内の視床下部へその粒子が届くことで、自律神経のバランスが整うことが科学的に認められています。
嗅覚から脳へアプローチすることで、精神的にリラックスすることが可能です。

●姿勢を変えられる机を使う

長時間の座りっぱなしでいることが体によくないことは医学的にも明らかです。それでなくても長時間同じ姿勢でいるだけで、イライラしたり、疲労が蓄積しやすくなるのは、多くの人が実感しているところでしょう。デスクを立つ位置にまで調整できるものに変えて足腰を動かしたり、サイクル機能がついているものなどがあればよいでしょう。

●二つの椅子を使い分ける

仕事をするときは、背もたれから背中を離せる集中型の椅子がいいでしょう。お尻の下には、高反発の座布団を入れると腰が立ち上がって楽です。

可能であれば、首肩がゆったりと伸ばせ、脚のむくみを取るためにリラクゼーションチェアも用意して、それぞれ使い分けると、仕事に集中しやすく、休憩を入れやすくなります。長時間同じ体勢を取らず、90分に1度、切り替えることがポイントです。

●就寝前の灯りを工夫する

就寝前1時間は、デジタル系のブルーライトを見ないほうがいいと言われていますが、なかなかそうはいきません。眠りに入る前の習慣として、できれば部屋の灯りを消してキャンドルをつけてみる。手元や寝室には暖色系の灯りをつけておく。それだけでも、入眠しやすくなります。スマホの明るさをギリギリまで暗くする。部屋の灯りも、ギリギリまで暗くして、脳を副交感神経優位な入眠準備態勢に切り替えることがポイントです。

●絵画や花を置く

視覚情報は脳内の後部に届いて、脳波を変化させてくれます。癒される絵を見てくつろぐと、α波が出て、目を開けていても、瞑想状態のように精神を安定させる神経伝達物質セロトニンが出されます。ぼんやり何も考えずに絵を眺めたり、色彩のきれいな花や、美しい緑をじっと見ているだけで、心が自由になって考え方がプラスになったり、元気やパワーをもらえるでしょう。

●瞑想をしやすい環境を整える

近年は、多くの企業でもマインドフルネスを取り入れるなど、瞑想が一般的になってきました。自宅でもすぐに瞑想ができるよう坐布を床に置いておく。ドーナツ型のクッションをいくつか置いておくなど、ちょっとした隙間時間に瞑想ができる環境を整えておくといいでしょう。

●ペットを飼える環境をつくる

ふわふわした犬や猫を撫でたり、抱いたりすることで脳内にオキシトシンという愛情ホルモンが出ます。ペットと触れ合う時間がメンタルコントロールになるのです。

MENTAL CONTROL

いつもと違う行動によって認知を変える

■新しいこと、人に出会い脳を刺激する

普段していることとは違った行動をしてみたり、やったことのないことにチャレンジしてみることで、脳に刺激を与え、認知を変えていくというアプローチもあります。

過去の体験に基づいていたり、知っていると思い込んでいたりしたことが世界のすべてではなかった、むしろちっぽけで、たいしたことではなかったと知ると脳のあらゆる領域が刺激されます。

刺激を受け、新しい知見を得て、それが楽しいことであれば喜びを感じ、認知も変わります。心がワクワクする体験に夢中になれば、ネガティブな感情から自然に距離

を置くことができるのです。

トヨタ自動車の豊田章男社長は、２０２２年の新入社員を対象にした入社式で「人は、嬉々としてやっている人のところに集まる」とおっしゃっていました。人や出来事など、素晴らしい出会いやそれに伴う感動があると、私たちはそれを実現した自分に自信を持てるようになり、幸福感を抱きます。

そして、そのような幸福感は、固定観念を外し、**「ささいなことでネガティブになっていたな」**と、気持ちがおおらかにひろがっていきます。

ぜひ、未知の体験や出会いを増やしていくようにしましょう。

☑駅に行くまでに、あえていつもと違う道を通る
☑これまでしたことのない料理をしてみる
☑ヨガをしてみる
☑猫や犬を飼ってみる
☑変わった食材でバーベキューをして野外で食べる
☑釣りをして食べる
☑山菜を摘んで天ぷらにして食べる
☑田植えをする
☑蕎麦打ちに挑戦する
☑雪の中でテントサウナに入る
☑乗馬、サップ、カヌーなどゆっくり進むものに乗る（脳にα波が出る）
☑国内を一人旅してみる
☑お笑いを舞台で見たりや落語を聞いてみる
☑海外へ行き、見知らぬ土地を旅する

図４－２　未知の体験が認知を変える

MENTAL CONTROL

瞑想などを取り入れて認知を変える

■一流の人が行っていること

すぐれたリーダーやアスリート、アーティストなどは、自分なりのメンタルコントロール法を取り入れていることを公言されています。

こうした方法を実践してみることは、メンタルコントロールそのものにも有効なだけでなく、新しい刺激として、認知のあり方を変えてくれます。

いくつか、ご紹介していきましょう。

●瞑想

アップルの創業者、故・スティーブ・ジョブズは、若い頃、非常に感情の起伏が激しい性格だったと言います。自分が思ったようにいかないと、暴言を吐いたり、キレたりしていたエピソードは有名で、それによって一緒に仕事をしていた仲間が離れていったことも少なくなかったそうです。しかし、彼は若い頃に出会っていた日本人僧侶との出会いから、晩年は京都を訪れ、禅（瞑想）を行ったことは多くの人に知られています。禅によって、心の落ち着きを取り戻し、思う存分にリーダーシップを発揮して iPhone や iMac など素晴らしい商品を世に生み出して、禅僧のようないい人相になって「Stay hungry」など多くの心に響く名言を残しました。

テニス界の王者と言われるノバク・ジョコビッチ選手も、マインドフルネス瞑想を継続している一人です。彼は、試合の最中にミスしたとき、以前は強い感情に巻き込まれて、ラケットをグランドに打ち付けることがありました。しかし、マインドフルネス瞑想を行うことによってミスをしたときに冷静に「強い負の感情をありのままに見ることができた」「すぐに次のパフォーマンスに入ることができた」と著書『ジョコビッチの生まれ変わる食事』（扶桑社）の中で語っています。

衝動に巻き込まれると、本来とるべき行動を素早くとることができなくなります。

しかし、状況を俯瞰してネガティブな感情をありのままを受け入れていくと、レジリエンス力＝つまり、しなやかに元の状態に戻れます。人間ですから、どんな成功者でも失敗をすることはあります。しかし、ネガティブの渦に入ったまま溺れてしまうのではなく、ありのままの事実に気づくことで、いち早く良好なパフォーマンスが実現できます。

瞑想、マインドフルネスの具体的な方法については、次章で解説いたします。

●座禅

座禅をすると、情報や思考の渦から一旦距離を置いて静寂な時間と向き合う時間を取ることができ、メンタルを落ち着かせることができます。束の間ではあっても「空」の体験をすることによって、今まで決断、決断と瞬時に頭を動かし続けていたのが、「そんなにスピードを上げなくてもいいかな」と思うようになります。

リーダーであれば、感情的に「部下を首にしよう」とか、「あいつを左遷しよう」

とかと思っていたのが、感情が落ち着くことによって、「彼にもいいところがあった」と思い返すことができるのです。

●滝行

滝行もメンタルをすっきりさせる効果があります。滝行は肩こりにも効果があり、重たいものが取れて、すっきりします。疲れているとか、頭がぼーっとしたり、肩こりがひどい人は滝行をすると凄く元気になれるはずです。

自然と一体化し、自我を預けるとメンタルもすっきりし、リフレッシュして会社に戻れます。修行と捉えずに、リセットする感覚で取り組むだけで十分効果を得られます。

●写経

「般若心経」を写す写経は、無心で写経することで心が空になり、落ち着いてきます。

もちろん書くことが面倒で、最後まで書けなかったり、きれいに書けなくて途中で嫌になってしまったりする人もいます。そうした場合は、向いていないな、と思うことがわかればいいのです。短時間は集中できた、自分はゆっくり丁寧に文字を書くことができないのだなと、認知を得られればそれでＯＫです。

無心で根気よく書くことができなくても、他にもできることはたくさんあります。まずはやってみる。それによって気づくことができるのです。

●断食

現代人は、いつも食べすぎの状態です。すると細胞の働きが鈍化して、体が目覚めていない状態になっています。それを一旦飢餓状態にすることによって、サーチュイン遺伝子という若返りの遺伝子が働き出します。物を食べないでいると細胞がもっと生きなくてはと目を覚まし、活性化するのです。

私がお世話になっている断食道場は、二日半は何も食べません。一日目は夜は煮詰めたシロップにしてある酵素ドリンクを水やお茶で割って飲むだけです。腸内を、デトックスするのが目的です。

二日目は、お腹は空きますがヨガを行ったり、瞑想をしたり講義を受けることで別のことに集中します。三日目の朝には、梅干しをたくさん食べ野菜スープを飲んで茹でたキャベツをたくさん食べます。腸を活性化して、宿便を出すためです。言わば、腸内の大掃除をするのです。宿便を出してしまうと頭痛がすっきり治ったり、目が覚めたように心身が爽快になるのです。

人間は食べなくてもある程度生きていることができます。断食することで、「毎日、食べないといけない」という思い込みからも自由になることができるのです。

●リトリート

リトリートという言葉は「隠居」「隠れる」という意味があります。元々は隠れ家のような所で暮らすことを言いましたが、今は、数日間住み慣れた土地を離れて、仕事や人間関係で疲れた心や体を癒す過ごし方といった意味で使われています。

自然の中を歩き、誰ともしゃべらずにいるだけで頭の中が静まって、自分自身と向き合う時間を持つことができます。これまで「頑張らなければいけない」「会社に貢献しなければならない」と思い込んでいた人たちがリトリートにやって来ると、力が抜けてゆるみます。すると「今まで頑張りすぎていたかな」「自分のペースを大切にしよう」と思うようになります。環境が、心のあり方を変えるのです。

●森林浴

「森林浴」という言葉はそのまま海外でも「shinrin-yoku」として使われています。ストレスホルモンが減少し、副交感神経活動が高まる。収縮期、拡張期血圧、脈拍数が低下し、心理的緊張が緩和する、科学的根拠があります。木漏れ日や、そよ風の揺らぎ効果が脳に影響してリラックスするのです。

また、NK細胞の活性が高まって免疫が上がり、3種類の抗がんタンパク質が増加することもわかっています。

イギリスでは、特に森林浴と座禅（マインドフルネス）の組み合わせによるメンタルヘルスが推奨されており、森林に行くことがストレス解消に効果的とされています。

都心で働いている人であれば、休みの日にできる限り自然の中に入ってキャンプをしたり、散策をしたり、澄んだおいしい空気を吸って、バーベキューなどをしてみる。週末に森林浴をすることで心身ともに疲労が回復し、月曜日の朝は目覚めがよく、仕事に対して意欲的になれることでしょう。

■できるところから、少しずつでいい

古い固定観念や価値観を手放すことは容易ではありません。しかし多様な人たちやさまざまな年齢など、あらゆる層の人たちと生きていくためには、「自分が正しい」という認知から**「そうは言っても、そうじゃないこともありそうだ。そのためには、どんな捉え方をしたらいいだろう?」**としなやかに対応していくことがメンタルコントロールのためには大切です。

すぐできそうもないことは一旦、置いておき、まずは自分の認知から変える。そして次に手の届きそうな環境を変えてチャレンジしてみる。そして、ストレッチゾーンとして、少し大変だけれど、ちょっと努力したらできそうなゾーンへチャレンジしてみる。それによってさまざまな気づきが得られるでしょう。

ウェルビーイングを高めれば、メンタルコントロールはうまくいく

メンタルコントロールを行ううえで、自らの幸福度を上げることは非常に大切なことです。ここで私たち自身が、どれくらいの幸福度（ウェルビーイング＝幸福感）があるかを診断でチェックしてみましょう。これにより自分はどんなことを幸福度の指針にしているのか、おおよそ知ることができます。

自身の幸福度を見たときに経済的な豊かさや地位などだけではない指針があることに気づいて、あらためて仕事のあり方を捉え直すことができます。職場環境や人間関係に対しての認知も見直すこともでき、また足りないところを知って、伸ばそうとすることもできます。自分の個性に合った生き方や異なる他者がいることを知って部署の配置をしたり、仕事の在り方に対処したりすることで心も安定し、メンタルコントロールもしやすくなります。

組織、チームの中で個人情報を守りながら行ってみてもいいでしょう。

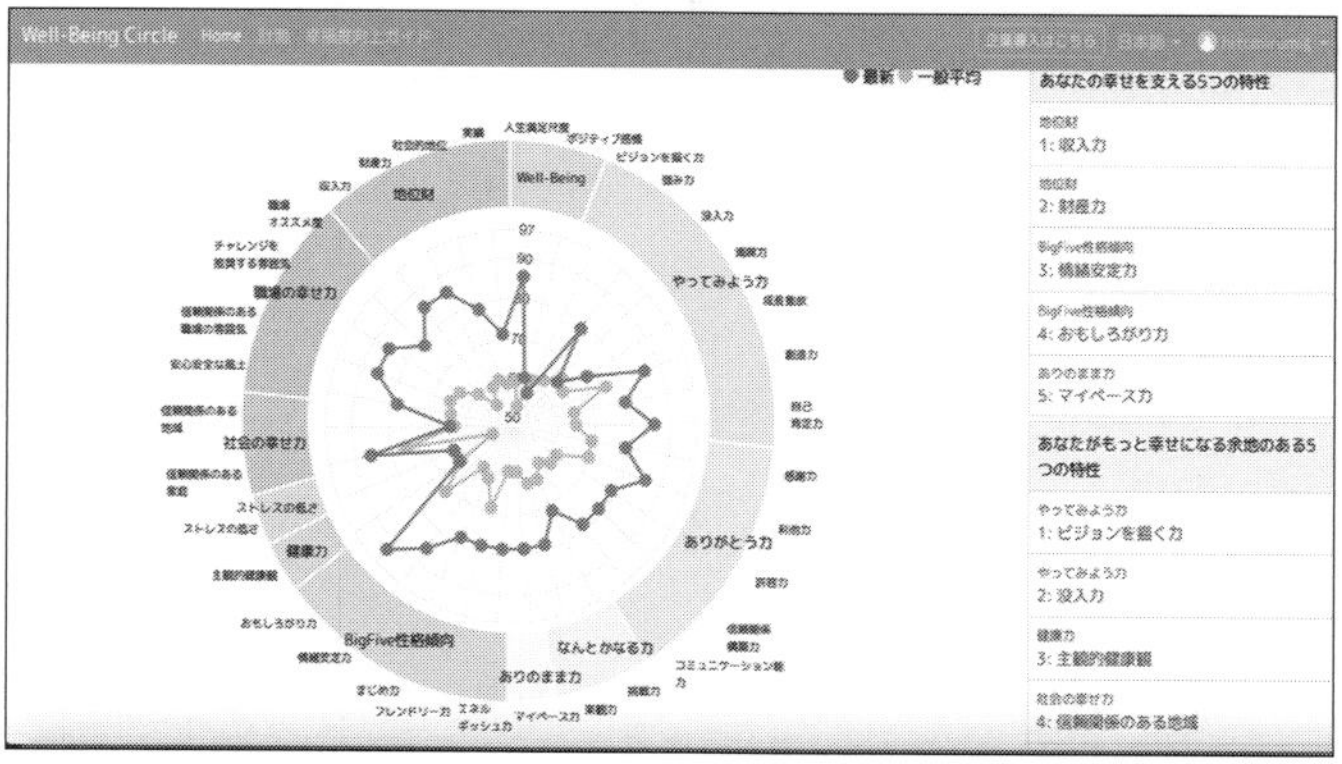

図４－３　自分の幸福度を診断する

MENTAL
CONTROL

CHAPTER

5

心を整えて自分で感情を選択する

MENTAL CONTROL

心を整えるとは、感情の整理整頓をすること

■感情の選択を自分で行うために

自身のスキーマを理解したり、七つのコラムなどによって、自分の感情のクセや、どのような反応のパターンがあるかを冷静に把握することができたら、次は、ポジティブな感情をどのように引き出してアウトプットしていくか、という段階に入ります。

そしてその前提となるのが**「心を整える」**ことです。

心が整っているとは、感情が、心の中で整理整頓されている状態だとイメージしてください。物と同じように、部屋の中で散乱した状態ではなく、あるべき場所に正しく収まっており、俯瞰することができていること。もし心が揺らぐことがあっても、

パニック状態になって反応するのではなく、今、このときにどのような感情で何をすべきなのかを冷静に見ることができる状態です。

もう少し具体的に見てみます。

何か感情が揺れ動くことがあったら、自分の反応のパターンと照らして、「あ、このパターン過去にもあったな」と、一旦感情と距離を置きます。

そして、反応した感情をありのままに見て、その存在を確認してから「そうは言っても、そうじゃないこともあるよね」と認知の歪みを適応的に変えて、脳内にある引き出しに収納するのです。

大切なのは、反応した感情を見なかったことにするのではなく、ありのままに「怒り」を見た。けれども、そこに反応するのではなく、一旦深呼吸をしてから**「怒りと適切な距離をとりながら相手が受け入れやすい言葉」を引き出しから意図的に選択する**ことです。

そうすれば、相手が気持ちよく動いてくれるための良い言葉が生まれ、心が安定することでしょう。

本章では、この心の整え方について、具体的な方法を紹介します。

MENTAL CONTROL

自分の感情をありのままに観察する

■我慢したり、ごまかしたりしてはいけない

メンタルコントロールで重要なのは、感情の揺れや、衝動を引き起こすような感情を、ぐっとこらえて、抑えたり、必死にごまかしたりすることではありません。

無理して抑え込んだとしても、それは我慢、ストレスになり、閉じ込められた炭酸ガスのように膨張していき、何かの拍子で爆発する恐れがあります。

また、本当は怒りたいのに笑ってごまかしたり、本当は泣きたいのにがまんしたりしていては、伝えたいことを伝える機会を逃すだけでなく、「自分らしく生きる」ことに蓋をして、感性や感覚を鈍化させ、自分を無視し続けることになります。

抑圧は魂を抹殺するようなもので、最終的には自己崩壊してしまいます。

男性でも、女性でも泣きたいときは泣いたらいいのです。怒りがわいてきたら、我慢することなく、一旦アウトプットしたらいいのです。どうにもならない強い感情がわきあがったのなら、一旦人のいないところ、もしくは寄り添ってくれる人がいるなら、その人の前で感情を発露させたらいいのです。迷惑がかかるなど思い込まずに、友人に甘えることはとても大切です。

ただし、このとき、**状況を少し引いた目線で見る、すなわち「自分の感情を観察する」**ことをしてみましょう。

同時に、過去に繰り返してきた反応パターンを思い出していきます。同じようなネガティブな感情が以前もあったなら、そこで一旦「ストップ」と心の中で声をかけて立ち止まり、ひと呼吸おくと、異なった感情の側面にも目を向けることができます。

例えば、怒りの感情の反応に対して怒りだけでなく、実は「悲しかった」「寂しかった」「嫉妬をしていた」「もっと受け止めてもらいたかった」「もっと話がしたかった」

あるいは「体調が悪かった」など、多面的で複雑な感情や事情が絡み合っていることに気づくかもしれません。「本当は私、こういう気持ちだったんだ」と正直に捉えることができたなら、激しい自分の感情とそっと距離を置くことができ、相手にもやさしくなれます。

脳科学的にいえば、感情を感知して即アラートを出す「瞬間湯沸かし器」の扁桃体で反応するのではなく、**「理性の脳」である前頭前皮質を使う**ということです。

動物は、不安、恐れ、恐怖を感じたら、そのまま扁桃体が反応して、対象にいきなり噛み付いたり、吠えたり、泣いたり、逃げたりします。理性を使ってコントロールすることはできません。

一方、人間の脳の前部に位置する前頭前皮質という部位には、理性を司り判断する人として大切な働きがあります。理性的に考え行動できる人たる所以がその部位にあるのです。

親子だから、親しいからといって、何を言ってもいいわけではありません。**相手に**

は、**人としての尊厳があり、傷つきたくないという心があり、それをお互いに守っていく**ことがいい人間関係が成立するポイントです。なお、相手と考え方や価値観の相違があるケースでは次のポイントを意識しましょう。

1　相手がどんな人であっても人には尊厳、立場があると理解する。
2　感情的になったときは、過去に起きた自身の失敗パターンを思い出し、繰り返さないと心に決める。
3　無理して感情をしまいこむのではなく、本当に伝えたかったことは何かを時間をかけて落ち着いて紙に考えを書き出してみる。
4　一旦立ち止まり、最も適切に相手に伝えるべき言葉を吟味して、何度か口に出して練習してみる。
5　反応で行動するのではなく、ゆっくり時間をかける。
6　ゴールは「お互いにうまくいく」「いい関係を構築する」ことをイメージして、解決に向けた小さなステップを踏んでいく。
7　最後は気持ちよく「よかった、ありがとう」と言える状況をイメージする。

MENTAL CONTROL

「マインドフルネス」を使って自分の状態に注意を向ける

■四つの瞑想で心を整える

繰り返されるネガティブな感情や思考から距離を置いてみる方法、それが「マインドフルネス」です。

良いとか悪いとか、判断せずにただ「こういうことが起きているんだ」とありのままに受け止め、感情や思考を川の流れに乗せていく。ネガティブな感情は付せんに書いて、タライに乗せて川に流していくようなイメージを持ちましょう。「あの上司が憎い」という感情や、「なんでこんなふうになってしまったのか」という後悔などを書いて、川の流れに乗せていくイメージです。

それではナビしていきますので、実際にやってみましょう（234ページに掲載されている二次元コードからナレーションを聴けます）。

〈マインドフルネス瞑想〉

目を閉じてゆったりとした姿勢で座りましょう。

今、あなたの目の前にゆったりとした大きな川が流れています。あなたは川のほとりに座っています。

あなたの思考や感情が次から次にやってきます。その思考や感情をあるがままに見て、それをそおっとタライに入れて、目の前の川に流れていくままにさせます。

また、次に他の感情がやって来ます。それは葉のように、また現れては消え、現れては消えていきます、ただありのままに観察していきましょう。雑念だからと追い払ったりせず、あるがまま、流れるままにさせましょう。

もしもあなた自身がタライの中に入ってしまったら、注意深くそこに気づいて、「それは私であっても、あくまでも観察対象」と認識し、その雑念をそおっと手放しタライに乗せ、一旦、自分の呼吸に注意を向けましょう。そして雑念からそっと距離を置いて川のほとり、「今ここ」に座っているとイメージしましょう（2、3回心の中で繰り返し、5～10分瞑想します）。

例えば、夜、眠れないとき、「明日のあのことが気になる」「ああ、また明日あの人に会うのか」「プレゼンあるけど、反応がなかったらどうしよう」などと、さまざまな思考や感情が生まれています。言わば、思考や感情が詰まったタライの中にずっと入って反すうしている状態です。

そこから一旦距離を置いて、「私は不安になっている。でもそれで良いんだ」と、呼吸の出入りに注意を向け繰り返していると、だんだんその状態から離れていきます。「こんなことばかり考えてちゃいけない。早く寝なきゃ」と焦るとまたタライの中に入ってしまいます。そこで「眠れなくても大丈夫、2～3時間の睡眠でも大丈夫。私は深い睡眠が得られます」と自分に言い聞かせ体の力をゆるめていると、気がついたら眠りに落ちていきます。

④

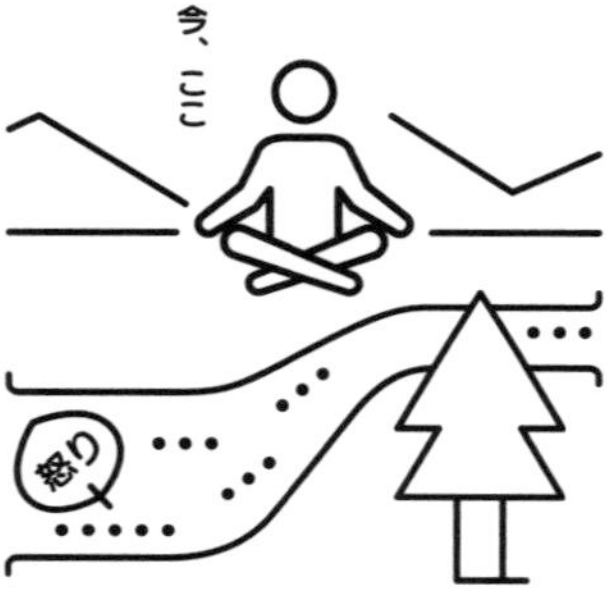

やがて流れて行く葉っぱが少なくなり、未来や過去にとらわれず、穏やかな気持ちで「今、ここ」を感じればOK。

⑤

終了したら、大きく伸びをして、両脚を伸ばし、軽く前屈をして、しっかり目を開け、瞑想後の感想をメモする。

※はじめは5～10分程度。だんだんと時間を延ばし、15~20分くらい行えるようにするといいでしょう。

①

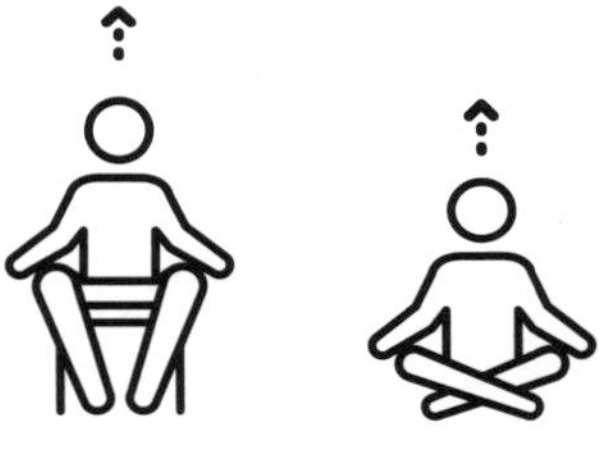

椅子に軽く腰かけ、頭が天井から糸で引っ張られているイメージで背筋を伸ばす（クッションの上にお尻を置いて、あぐらをかいて背筋を伸ばすのでもOK）。
軽く目を閉じて、両手は膝の上に置く。このとき、親指と人差し指は、軽く丸をつくる。

②

自然な呼吸を繰り返しながら、イメージの中で、目の前に川が流れていることを思い浮かべる。

③

わきあがってきた雑念を川に流れている葉っぱとして、ただありのままに眺める。このとき、「こんな思いはよくない」「この考えはよい」などと一切判断をせず、そのまま川の流れに乗って消え行くのを見守る。雑念にとらわれたら、呼吸の出入りに注意を向けてみる。

図5－1　マインドフルネス瞑想

ありのままを観察し、受け入れ、そして流していくのがマインドフルネスです。自動思考で「人間関係がうまくいかないし、私はダメだ」という思いが浮かんでも気にしないでください。誰だって人間関係は難しいのです。

とりあえず、ありのままの心を認めましょう。すると心が安定してきます。

このマインドフルネス瞑想は本来は座って行うものですが、メンタルが不安定なときは眠れなくなるので、夜、ベッドの中で寝る前に行ってもいいでしょう。緊張があってなかなか眠れないときは、一度全身にぐっと力を入れて、肩を持ち上げ、2秒間息を止めてから、一気に長く吐き、全身の力をふわっとゆるめていきます。

また職場でも、休憩時間に椅子の上で行ったり、誰もいない会議室などがあれば、目を閉じて3~5分呼吸の出入りに注意を向けてみましょう。そうすることで、乱れたメンタルをコントロールすることができるようになります。

〈未来を創造するイメージ瞑想〉

イメージ瞑想は、子どもの頃の原風景に戻り、あるがままの自分の心や、無意識の底に眠る本当にやりたいことなどを想い出す瞑想です。人生における重要な選択に迷いがあるときや、何か新しい仕事や趣味を始めたいけれど方向性がわからない、といったときに使うと効果的です。

3分間、集中してイメージの世界に没頭して行います。誰かに誘導してもらうほうがベターですが、一人でやる場合は次のナビに従いながら、自然に浮かぶ光景をイメージしていってください。

では、心と体を楽にして瞑想に入ります。

イメージをしていきましょう。

あなたは広い草原の中で、気持ち良く瞑想をしています。

春のここちよい日差しの中にいます。草の香りや甘い花の香りがするかもしれません。とても気分がいいです。

ふと自分の体をみると、少年時代または少女時代、5、6歳の頃に戻っています。

初々しい少年少女です。

あなたが5、6歳頃に、ワクワクしていた頃を思い出してください。

友達と外で遊びまわっていたこと……部屋の中で、おもちゃに夢中になっていたこと……あるいは、絵本や、漫画を読んでいたのでしょうか？

時間を忘れ、夢中になっていた、ワクワクする感じをじっくりと味わってみてください。


その頃、あなたは何が得意でしたか？　時間を忘れるほど、夢中になり、大好きで、しかも得意だったことを一つ二つ思い出してみましょう。具体的にその感覚、得意だった感覚を十分に味わってください。


あなたは、今度は、10代も終わりになって、進学をする、あるいは就職を考える頃となりました。

その頃、どんな大人になって、本当はどのような仕事に就きたかったのでしょうか？

当時10代の終わり、もしくは20代前半に考えたあなたの本当の未来像は、どのようなものでしたか？

どうぞ思い出してみてください。

さて、その後あなたは、ある仕事に就きました。初めての職場を思い出してみてください。緊張感も持ちながら、どんなことを考えていたでしょうか？ その職場で、どんなふうになりたい、どんな仕事をやり遂げてみたいと未来を描いていましたか？

そのときの気持ちを思い出してみてください。

そして今……

もし、今のあなたに制限も足枷もないとしたら……反対する人は誰もいないとしたら……これから何をやり遂げてみたいですか？

これまで十分に、能力を活かせてきた方も、さらにこれからもっとワクワクしながらやり遂げてみたいことは何でしょうか？

あなたがそれを行うことで、喜ぶ人はどんな人たちでしょう。それを実現したときにどんな気持ちになるか……具体的によりリアルにありありとイメージしてみましょう。

今、イメージしたことは、忘れないように、そっと右手に置いてください。


そして、もうひとつ。あなたは、なんのために今回のこの地球、日本（この国）を選んで生まれてきたのでしょうか？

どんなことを大切にしようと思って生まれてきたのでしょうか？

私たちはみんな確実に死んでいきます。

死ぬときに、「ありがとう」と言って、この世を去ります。

そのときに、あなたが「後悔がなかった」と言える生き方は、どんな生き方でしょうか？

浮かんできたら、そのイメージは左手に置きます。
では、これから少しずつ意識を戻します。

3、2、1はい！　しっかりと目を開けて、戻ってきてください。

そして右手、左手に置いたイメージを忘れないうちに用紙やノートに書き出してみましょう。文章でもイラストでもいいです。自分でも気づかなかったヒントがそこにはあるでしょうか。

〈慈愛の瞑想〉

誰かが憎い、許せない……そんな感情に囚われている人にとって、特に効果的な瞑想です。元々は上座部仏教の瞑想で、マインドフルネスの一つのコンテンツでもあります。

瞑想しながら胸に手を置き、「私が幸せでありますように、幸福でありますように」と願いごとをします。

続いて、「私のことをもっとも嫌っているあの人が幸せでありますように、悩み苦しみがなくなりますように」と嫌いな人に向けて言葉にしていきます。

嫌な人のために祈りたくない、と思うかもしれませんが、ただ淡々と心の中で言葉を唱えているだけで大丈夫です。不思議と唱えているだけで自分自身の怒りや苦しみから解放されていくことができるのです。

私が幸せでありますように
私の悩み苦しみがなくなりますように
私の願いごとが叶えられますように
私に悟りの光が現れますように
私が幸せでありますように（3回）

私の親しい人たちが幸せでありますように
私の親しい人たちの悩み苦しみがなくなりますように
私の親しい人たちの願いごとが叶えられますように
私の親しい人たちに悟りの光が現れますように
私の親しい人たちが幸せでありますように（３回）

私の嫌いな人が幸せでありますように
私の嫌いな人の悩み苦しみがなくなりますように
私の嫌いな人の願いごとが叶えられますように
私の嫌いな人に悟りの光が現れますように

私を嫌っている人が幸せでありますように
私を嫌っている人の悩み苦しみがなくなりますように
私を嫌っている人の願いごとが叶えられますように

私を嫌っている人に悟りの光が現れますように
生きとし生けるものが幸せでありますように（３回）

生きとし生けるものが幸せでありますように
生きとし生けるものの悩み苦しみがなくなりますように
生きとし生けるものの願いごとが叶えられますように
生きとし生けるものに悟りの光が現れますように
生きとし生けるものが幸せでありますように（３回）

人間関係で悩んでいる方は、日常の生活の中でちょっとした時間を見つけて、最後のフレーズである「生きとし生けるものが幸せでありますように」という言葉だけを絶えず持続して念じてみましょう。そうすれば、必ず短い間に自分の心が変わっていくことに気づきます。

〈集中瞑想〉

集中瞑想は、意識をクリアにして何かに集中したいとき、直前に行うと効果的な瞑想です。

背中をスーッと真っ直ぐにして、椅子の背もたれに付けないように軽く腰掛けます。目を閉じ、顎を軽く引いて、天井から1本の糸が降りてきて、頭がスゥーッと天井に伸びるようにイメージします。

肩を1回持ち上げて、息を吐きながら1回ドンと落とす。これが集中瞑想のスタイルです。座禅でも構いません。

続いて、自然呼吸をします。無理に鼻から吸って、長く吐こうとせずにいちばん楽な、自然の呼吸を行います。

入ってくる呼吸と、出ていく呼吸に注意を向けます。自然にやさしく入ってくる呼吸が、鼻の穴から鼻腔を通じて、鼻の奥のほうに入っていきます。鼻腔から喉、喉から肺、肺からお腹の方に入ってきます。このとき「お腹が膨らむ、膨らむ」と心の中で唱えてもよいでしょう。

呼吸が出て行くときには、お腹から肺、喉、鼻腔を通り、鼻の穴から抜けていく。このとき「お腹が縮む、縮む」と心の中で唱えてもよいでしょう。

鼻の穴から、鼻腔、喉、肺、お腹の方へ、お腹が膨らみ、呼吸が出て行くときにはお腹、肺、喉、鼻腔を通り、鼻から抜けていく。お腹が縮んでいく……。

もしも雑念の中に入ってしまったら、そこに気づいて、そっと手離し、再び、呼吸に意識を向け直してください。

鼻の穴、鼻腔、喉、肺、お腹の方にお腹が膨らみ、出ていくときはお腹から、肺、喉、鼻腔、鼻の穴から出る。お腹が縮む……。

5～10分たったらゆっくりと目を開けてください。


この繰り返しが集中瞑想です。

集中瞑想をすると雑念に気づきやすくなります。なぜなら、誰がやってもはじめは呼吸だけに意識を向けられず、何かが心の中に浮かんでしまうからです。外が騒がしいとか、足が痛いとか、気がかりなこととか、呼吸に意識を向けようとするといろいろなことに気づきます、それに気づいたら、呼吸に意識を向け直す。この連続なので、逆に自分はこんなことをしょっちゅう考えているんだな、と気づくことができるのです。

職場で「企画書を書こう」と集中して作業をする前や資料を読む前に数分間、集中瞑想をすると取り組みやすくなります。なぜなら、企画書を書いているときに違うことを考えたら、「雑念が来たな」と気づいて、再び「今ここ」に集中することができるようになるからです。

MENTAL CONTROL

体を動かして、自分と対話する

■ヨガと瞑想の心身への効果

今は駅前にもスタジオヨガやホットヨガなどがあり、普通の健康法として「ヨガ」が広まっています。

きれいになる、痩せる、身体がやわらかくなる、というイメージを持たれるかもしれませんが、本当のヨガの目指すところは、心の死滅であり、悟りの世界です。

つまり、ヨガ本来の目的は身体をやわらかくすることではなく、心を上手にコントロールする方法なのです。ヨガを習慣化して実践していけば暴走する感情をコントロールしやすくなり、冷静さを保ちメンタルコントロールが容易になります。

ヨガとはサンスクリット語で「繋ぐ」という意味です。何と何を繋ぐかというと、自分の中の暴れている感情とか、落ち込んだ感情といった自我の働きを「大いなるもの」と繋ぐのです。哲学的な用語を使うと個我（アートマン）を大いなるもの大我（ブラフマン）と繋げるという意味です。

暴走しやすい荒馬のような感情をしっかりと大いなるものと結びつけて、コントロールできるようにする修業をヨガと言います。

そのために体をストレッチしたり、呼吸をコントロールしたり、あるいは瞑想によって、自分の感情や思考を観察し、距離を置くことによってコントロールする――その修業法全体をヨガと呼びます。

身体をやわらかくするのはあくまでヨガの一部です。身体を整え、全体の血行をよくした方が、より瞑想に入りやすくなります。肩がこっているとか、腰が痛いとか、頭が痛ければ常に注意が削がれ、瞑想に深く入れません。

またヨガで身体をやわらかくすることは、座りっぱなしで仕事をしていることが多い現代人にとっては、血行を良くするうえでも有効です。血行が悪くなると動脈硬化が進み、コレステロールや高脂血症の数値も高くなりがちです。

日本人の成人が1日で座っている時間は7時間と世界でもっとも長いと言われます。欧米の人はそんなに長時間デスクワークをしません。アメリカの企業ではスタンディングでパソコンを打っている会社もありますし、グーグルなどは歩きながら働いていたり、スタンディングミーティングをやっていたりします。

7時間も同じ場所に座り続けているのは、狭い監獄に座っているようなもの。体を伸ばしたり、動かしたり、瞑想して心を落ち着ける行為がメンタルにも身体にも良いのです。

その一つの方法がヨガです。オフィスでも簡単にできるポーズを紹介しますので、ぜひやってみてください。

ヨガと瞑想の心身への効果について、210人のストレスの高い治験者のデータを取ったハーバード大学の研究があります。

治験者を70人のグループの三つに分け、①「ヨガと瞑想を行ったグループ」②「ヨガだけを行ったグループ」③「ストレスの対処法について録音説明を聞いたグループ」で、ストレスについてのアンケートを取り、遺伝子解析で身体の炎症への影響を調べました。

結果、**「ヨガと瞑想の両方をやったグループ」が、ストレス、身体の炎症ともにもっとも少ないことがわかりました**。この二つを行うと遺伝子レベルで炎症が治まるのです。多くの病気は身体の炎症から始まります。ヨガと瞑想の組み合わせが遺伝子レベルで変化を起こすのは画期的な報告です。心身をコントロールして、健康になることができるのです。

自宅でヨガを行う場合は、ヨガマットを用意するのがお勧めです。マットがあると「ヨガをやろう」という気持ちになるからです。使わないときはヨガマットをリボンを結んでインテリアとして立てておいたり、広げたりしておきましょう。習慣化するためには常に目に止まる場所において、すぐに使える状態にすることです。

①
肩幅より大きく
脚を開いて立つ。
②
両手を頭の上で組んで、息を鼻から大きく
吸ったら、ゆっくり息を吐きながら上体
を右へ倒していく。息を吐き切ったら、
自然呼吸の状態でそのまま5秒静止する。
③
上体を元の位置に戻して、再び、
鼻から息を大きく吸って、ゆっく
り息を吐きながら上体を左へ倒
し、息を吐き切ったら、自然呼吸
の状態でそのまま5秒静止する。
④
上体をゆっくりと元の位置に
戻して、両手を下げる。

図5－2－1　体のコリと疲れをとる簡単ヨガストレッチ

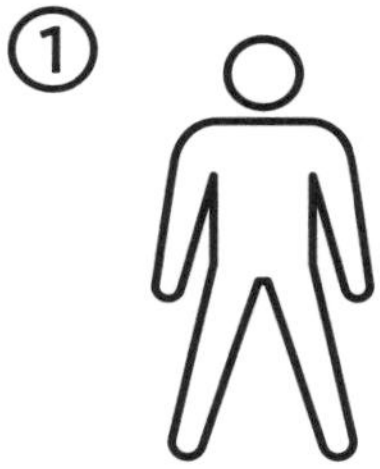

肩幅に脚を開いて立つ。

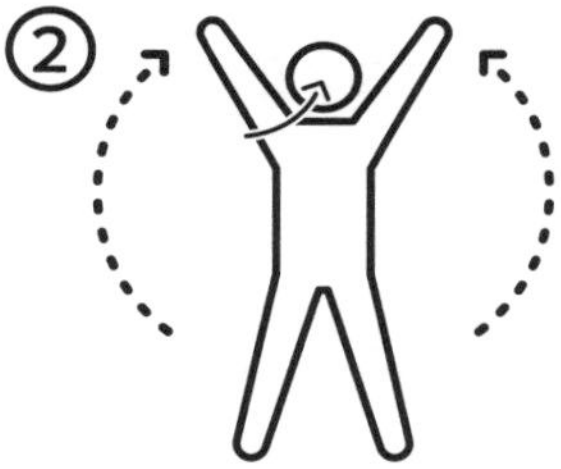

鼻から息を吸いながら両手を前方へ上げて、頭上へ伸ばしていく。

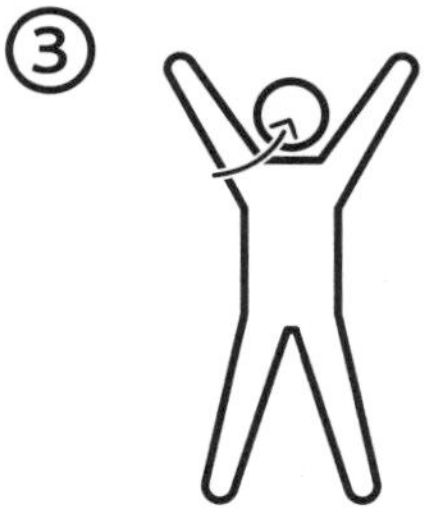

軽く顔を上げ、天井を仰いだところで息を吸い切り、1秒止める。

両手を広げながらゆっくりと長く口から息を10秒で吐きながら、両手を下ろしてかがみ込み、おへその下に両手を重ねたら息を吐き切る。

図5－2－2
心と頭をリフレッシュする
簡単ヨガストレッチ

①～③を3回繰り返しながら、かがむ傾斜を徐々に大きくして、最後はできる限り深く前屈する。

④

椅子の背に左手をかけ、鼻から息を吸って右手を上から左へ伸ばして吐きながら左手のほうへ伸ばす。息を吐き切ったら、自然呼吸で 10 秒静止する。

⑤

上体を起こし、反対側も同様に行う。

⑥

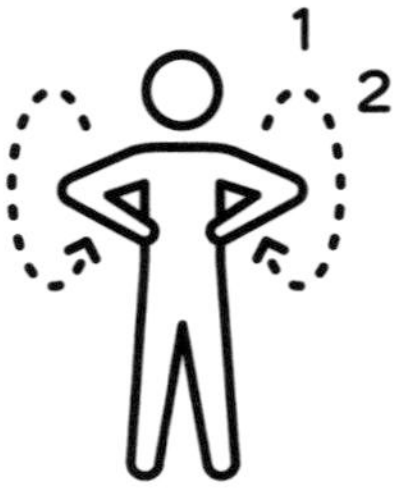

上体を起こし、椅子から両手を離し、ひじをまげて後ろへグルグル肩回しを 10 回行ったら、前方向にもグルグル肩回しを 10 回行う。

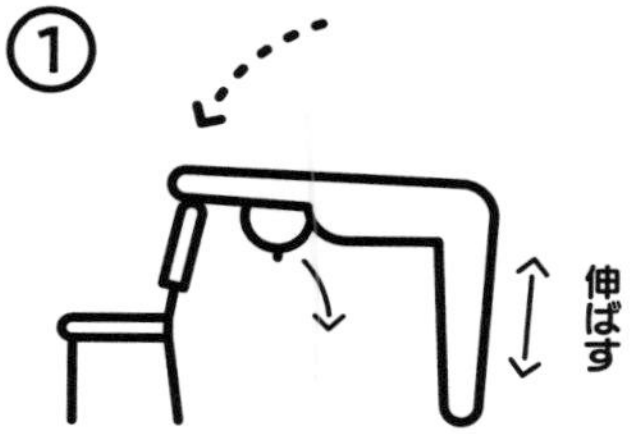

椅子の背に両手を置き、鼻から息を吸って、口からゆっくり吐きな がら上半身を倒す。

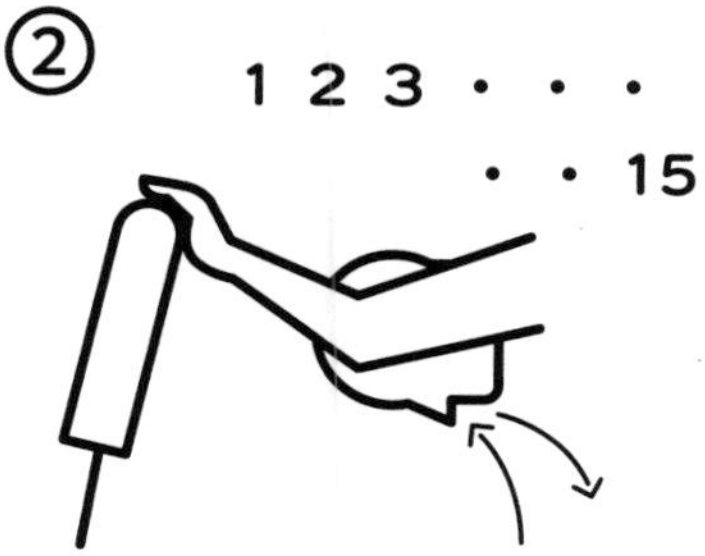

息を吐き切ったら、自然呼吸をしながら 15 秒静止する。

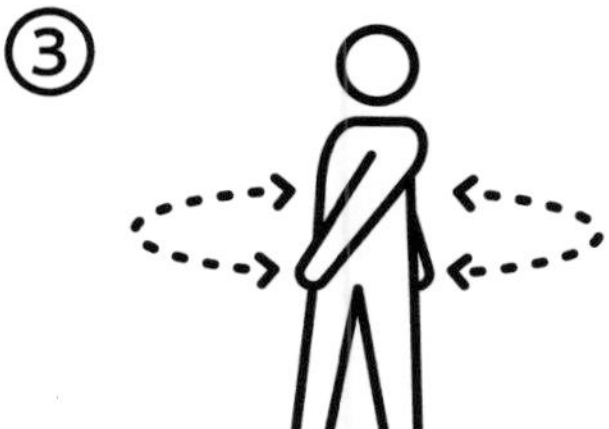

上体を起こし、椅子から両手を離したら、上半身を揺らしてゆるめる。

図5－2－3　体の重さ、ダルさをとり除き
スッキリする簡単ヨガストレッチ

呼吸を整え、心を整える

■怒りをしずめる90秒の呼吸法

メンタルコントロールを行ううえでもっとも即効性があるのが、実は呼吸を整えることです。

通常、私たちがゆったりと座っているとき、1分間の呼吸数（吸って吐いてを1呼吸）はどのくらいだと思いますか？ 普通はおよそ15回前後です。しかし、忙しく仕事をしていると30回くらいになります。呼吸が速くなると、イライラしやすくなったり、焦ったりします。緊張やストレスが多いとき、呼吸は浅くなります。このとき意図的に呼吸をゆったりと吐くことで、心を穏やかにするのが、**「呼吸法」**です。

私たちの自律神経は、常にストレスのある状態にさらされていると交感神経が優位になり、自分でコントロールできなくなれば、自律神経失調症になってしまいます。逆にゆっくり息を吐くと、自然に副交感神経が優位になって、感情も落ち着きます。

ちょっと練習してみましょう。

鼻から5秒で吸って1秒止めて、10秒で吐く（苦しいと感じる人は6〜7秒でもいい）。

目を閉じて、5で吸って、1秒止めて、約10秒で吐く。

たった3セットでちょっと気分がふんわりして眠くなるような感じです。6セット90秒やると良いでしょう。

腹が立つとか感情が乱れたときに、呼吸が荒くなることがあります。腹が立つとコルチゾールやノルアドレナリンという物質が副腎皮質や脳から体内に放出されます。これは血管を痛めたり、細胞を損傷するくらい強い物質です。もちろん、コルチゾール自体はさまざまな栄養素の代謝を促進し、体が必要とするエネルギーを産生したり、炎症を抑える作用もあって、人の生命維持に欠かせないホルモンです。攻撃されたり、ストレスを受けた状態では交感神経系を刺激し、脈拍や血圧を上昇させ、脳を覚醒させて、ストレスに対応するためのさまざまな作用を発揮します。スポーツや格闘技の試合に挑む選手は、このコルチゾールがよいパフォーマンスをもたらします。

とは言っても、強いストレスにさらされたままこの物質がずっと出ていると、細胞を傷つけたり、脳の海馬を萎縮させたりして、鬱病の原因になったりしてしまいます。

神経解剖学のジル・ボルトテイラー博士によると、これらの怒りの物質は約90秒で体外に放出されるといわれます。何か大きなストレスを受けたり、腹が立ったりして感情が乱れたときは、とりあえず場所を変え、90秒ゆっくりと呼吸をすると、怒りが鎮まるのを感じるでしょう。

呼吸法は、場所を問わず、いつでも意志さえあればできるものです。まずは90秒から始めてみてください。

瞑想の科学的効果

日本人の多くは、137ページで紹介をしたストレスに弱いSS型という遺伝子多型を持っていることが最新の研究でわかり始めました。私たちは国民性として、どうしてもストレスを感じやすく、反応しやすい繊細な気質があるのかもしれません。

一方で、アメリカ・エモリー大学の脳科学の実験研究（『日経サイエンス』2015年1月号）では、熟達された禅の僧侶の瞑想中の血流が脳の島皮質という部位にあって活発化する一方、扁桃体の活動は低下することが証明されました。これは人間がより機能的に脳をコントロールして、暴走しやすい情動を注意深く気づくことによって、メンタルをコントロールすることが可能である、ということです。

私たち日本人は、ストレスに弱い傾向がある一方で、瞑想を行うことを受け入れやすい特徴があります。それによって、セロトニンが分泌されやすくなり、ストレスが軽減され、不眠が解消されやすくなるのです。

MENTAL CONTROL

CHAPTER

6

人間関係のストレスを減らす方法

MENTAL CONTROL

心が安定するコミュニケーションの方法

■自分の主張を相手が受け入れやすいように伝えるには

嫌なことがあっても相手に本音を主張せず、ぐっと我慢してストレスを感じる人は多いものです。しかし、穏やかでいながら芯のある主張をすることでメンタルコントロールができるようになります。日本では初等教育で自分の考えを主張しながら相手に伝えるディベートや、相手にNOと言えるトレーニングを積極的には行っておらず、自己主張をする習慣のない日本人はこの力が弱いと言われます。欧米であれば、これはいかがなものか？　と思ったら、しっかりと自分の主張を相手が受け入れやすいように上手に伝えることを幼少時代から学ぶ習慣があります。

それがたとえ目上の人であっても、遠慮することなく自分の考えや感情を相手が不快にならない言葉や表現で上手に伝えられたら、それはメンタル的にもストレスが軽減され、ポジティブでいられるのではないでしょうか？

「アサーション（assertion）」とは元々「自己主張」という意味で、相手と対等な立場に立って自己主張をし、対人関係を円滑にするコミュニケーションスキルのことです。

自分の考えや言いたいこと、気持ちなどをできる限り上手に率直に、正直に、自分と相手の両者を尊重しながら伝える方法です。

例を挙げると、次のようなやり取りです。

Aさんは、自分が友達のBさんからいわれのない陰口を叩かれているという噂を耳にしました。まったく身に覚えのない話だったので、すごくショックを受けました。Bさんと縁を切ってしまえばそれで終わりですが、共通の友人もいるためそうもいきません。内心ではすっきりしないため、Aさんは、Bさんに言いたいことをまずはLINEで素直に伝えることにしました。

「実はね、とても言いにくいことなんだけど、あなたが私のことを陰で悪く言っているのを耳にしました。内容は◯◯ということです。でも、私はまったく覚えのないことなので、とても傷ついてしまいました。でも、あなたとはこれからも友達でいたいので、なぜそんなことを言ったのか教えてもらえますか？」

するとBさんからAさんにすぐ電話がかかってきて、「ごめんなさい。本当に自分が悪かったです。勝手に思い込んで、勝手に噂をつくってしまいました」と言い訳をせず、平謝りしてきました。

「そうだったのね……。まあ私も人間だから、そういう思い違いをすることはありますし、人の噂をすることもあります」とAさんは思ったことを伝えました。

「でも、私はとっても悲しくて傷ついたよ。どこで誰かの耳に入るかもわからないので、二度とこういうことはしないと誓ってもらえますか？　そしたら私もこの場であなたを許せます」

「わかった。二度としません、ごめんなさい。本当にごめんなさいね」

Bさんが謝ったので、Aさんは Bさんを許すことにしました。

ここでのアサーションは「傷ついた」「悲しかった」ことを素直に伝えたことと、そしてBさんからは「謝罪の言葉をもらい、二度としないことを誓ってもらった」ということです。我慢せず本心を伝えることで、自分の心のストレスも解消し、相手を許すことで和解し、お互いの関係も途切れることがなかったのです。

また、次のようなアサーションの事例もあります。

会議の席で上司が、実際には自分がミスをしたのに、それを部下であるAさんのせいにする発言をしました。Aさんはすごくショックを受けました。このまま泣き寝入りしようと思いましたが、それではストレスになるからと、思い切って自分の伝えたいことを正直に伝えてみることにしました。

「実は言おうかどうしようかとても迷ったのですが、あの会議の席で自分は事実を曲げて伝えられたことがすごく悲しかったです」

Aさんは冷静に上司に伝えました。

「事実が歪んで伝わることは、会社にとってもよくないことだと思います。できれば自分のミスを認めて、皆の前で訂正していただければありがたいです」

感情的にならずに淡々とありのままの気持ちを伝えたところ、さすがに上司はばつが悪いと感じたのか、「こちらが悪かった。つい仕事がうまくいかなかったことで感情的になり、誰かのせいにしたい気持ちになってしまった。自分の立場を守るために君のせいにしてしまった」と素直に非を認めました。そこでAさんは上司の立場を考え、次のように伝えました。

「でも、自分がその仕事に関わっていたのも事実ですし、あなたが嘘をついたという話になるのは困るのはわかります。自分にも責任があった、という旨だけを皆さんに伝えていただけますか？」

「いや、君の気遣いはありがたいけれど、やっぱり自分のミスだと事実を伝えることにするよ、悪かった」

上司は謝り、実際に皆の前で自分の非を認めました。

ここでのアサーションは、怒りを表現するのではなく「すごく悲しかった」と正直に悲しみを伝えたことと、「皆の前で訂正してほしい」と主張したことです。上司と部下の関係とは言え、そこに本音のコミュニケーションがないと一方的に一人だけ泣き寝入りになったり、社内で苦しい立場に陥り、メンタルが病んでしまうこともあります。

上司だからと言って、対等に本音を伝えていけないわけではありません。むしろ、本音でコミュニケーションを取れないような組織は、現代では結果を出し続けることは難しいでしょう。ただし、本音を伝える際には冷静にありのままの事実を伝え、相手を批判したり、追い込んだりするのではなく、上手に言葉を選ぶ技術を持つ必要があります。

■アサーティブなコミュニケーションを実践しよう

アサーションでは、コミュニケーションにおけるタイプを

「アグレッシブ（攻撃的）」
「ノン・アサーティブ（非主張的）」
「アサーティブ（主張的）」

の三つに分類しています。

ドラえもんのキャラクターにたとえるなら、人の話を聞かずに自分の意見を正しいと思い込んでいるジャイアンは「アグレッシブ」で、消極的で、自分の意見をはっきり言えないのび太くんは「ノンアサーティブ」で、バランス型のしずかちゃんは「アサーティブ」です。

しずかちゃんは他者を優先しながら、一歩引いたところで状況を冷静に見つつ、主張するときは前に出て自分の意見をはっきりと言うコミュニケーション能力を持っている人です。

自分が攻撃されたと感じたら、のび太くんのように何も言えなくなっていないか？ジャイアンのように、「こうすべきだろう」と言いすぎていないか？ チェックしてみましょう。

人間関係でうまくいっていないと感じたときは、「自分さえ我慢すればいい」と思い込まないで、「自分はこれで良いのかな?」と立ち止まって振り返ってみることも大切です。本当に伝えたいことを自己主張できていないと思ったら、しずかちゃんのように**主張すべきところは一歩前に出る勇気を身につけていく**意識を持ちましょう。

「言いにくいことをはっきり相手に主張するって難しい」と思うかもしれませんが、そうした人が自己主張するための会話法がアサーションです。アサーションを学べば自分のありのままの気持ちを感情的にならずに伝えられるようになります。

「正直、私はちょっと悲しかったです」とか、**「あのとき言われたことを自分なりに考えてみたのですが、やっぱりまだ腑に落ちないのでもう一度お話させてください」**といったような、相手を攻めない自己主張を心がけるといいでしょう。

もちろん、考えていることを伝えるのは、案外難しいものです。

投げるボールが強すぎたり、尖っていたりすれば、相手はうまくキャッチできずに凹んで傷ついてしまいます。ボールの投げる角度が悪いとうまく心に届きません。会話をする場合には、相手がキャッチしやすい強さ、程度、大きさを「その人が言われたらどうか？」をイメージする必要があります。

相手がふんわりやさしい雰囲気の人であれば、ふんわりした真綿のような言葉かけで。相手がキビキビと論理的な人であれば、それに近いスピーディな投げ方で話しかけるように、です。

特に若い世代の人たちの中には、親から大切にされ、怒られたりしたことのない人たちも増えてきています。そのため、上の世代から注意されただけで「心が折れた」と言ってしまうケースもあります。そんな世代の人たちに対してのポイントは、追いつめるような攻撃的な言葉ではなく、相手の立場を尊重した言い回しを心がけること。

「なんで●●なんだよ！」は**「●●なんだねー」**というように。

「どうしてできないの？」は**「できないこともあるよね。どうしたらできるようになるか考えよう」**というようにです。

他にも、次のように一旦は相手をありのままに受け止める表現のしかたがあります。

「そうなんだ、じゃあどうしたらいいかなぁ。反対の立場だったら、どう考える？」

「難しいよね……簡単に答えは出せないよね」

「すぐには答えられないんだね。いいよ、時間をかけて考えてごらん」

「仕事で一杯なんだね。一旦、一部を手放してみたら？」

「うん、気持ちはわかるよ。でもその言い方は強すぎない？」

「あなたの言い分も理解できるよ。ただ、チームや会社にとっては●●してくれるとありがたいんだよ」


まずは相手の心情を一旦受け止め、寄り添い、ボールを返す（提案する）。そしてお互いにとって、どうしたら最も近づけるのかを探っていき、主張すべきところは主張していくことが大切です。


「そうは言っても、そうじゃない事実は何だろう？」

「心が折れると感じる以外に学べること、成長できることは何だろう？」

と、その人が成長できることに着目して、言葉かけを行うと、若い人たちは、自分で答えを導き出すことができます。

MENTAL CONTROL

人間関係を「選択」する

■自分が心地よいと感じる人間関係を

ここまで読まれてきた方の中には、「それでもやっぱり嫌な人間関係に苛まれています」とおっしゃる方もいるかもしれません。

何をやっても、その人を思い出し、不快になったり、腹立たしくなったりして、それを止めることができない。

しかし、人生は長くありません。いつまでも苛立ちの中にいることを選ぶか、解放されると決断するかは自分の人生ですから、自分で選択できます。これまでその人との関係で学べたことをいくつか思い出しながら**「学ばせていただきました。ありがと**

う」と感謝を持って、お付き合いの距離を置いていく、あるいは完全に離れることも、自分を大切に守るための一つの選択です。

一緒にいると心が疲れてしまったり、話していると苛々したり、自分に対して批判的だったり、夜、葛藤を覚えて眠れなくなったりするような嫌な人と無理に付き合うことはありません。

スッキリ人間関係を整理して、そんな暇があったら、気の合う友達と付き合ったり、新しい人間関係を構築したりする方に目を向けるべきです。

SNSなどを通じた浅い付き合いであればそっと距離を置く、または投稿を見ないと決める方がメンタル的にいいでしょう。

会社勤めをしているとどうしても同じ職場で顔を合わさなければいけない、と思うかもしれませんが、今はリモートでも仕事ができます。人事の方と労働環境を相談してみましょう。できるだけ励ましあえる人、エネルギーをもらえるような人たちとだけ付き合うようにするのです。また、職場以外の友人も増やしましょう。

会社やプライベートで、「絶対この人と付き合わなくてはいけない」と思うのも、思い込みです。あるがままの自分でいられて、本音で気楽に話し合えるような場所をオフ会などで見つける。そうした人たちと付き合うほうがはるかに精神的に健全です。

もしも職場の人間関係で本当に苦しくなったときは、**結婚しているわけではないのですから「絶対に」などと思い込まないことです**。部署替えや転職を考えてもいいでしょうし、友人関係、恋愛関係でも、無理して付き合う必要はありません。

あなたは自分がどんなメンタルでいることが心地よいことなのでしょう？　誰といると幸せですか？　いつも幸せな気分でいられる人間関係、その環境は自分で選択できます。

自分の心地よい人生を何よりも大切にしていきましょう。

幸福は人間関係の満足度と比例する

■人間関係を良好にする3+1のポイント

ハーバード・メディカル・スクールのロバート・ウォールディンガー教授による縦断研究というものがあります。

これは「人生を幸せにするものは何?」ということをテーマに10代から老年までの人生を追跡調査し、なんと84年間をかけて2000人以上の長い人生をアンケートや電話や家庭訪問などでひたすら追いかけたものです。

対象者の暮らしている環境はボストンの貧民街や富裕層などさまざまな家庭でした。現在でも調査は続いており、被験者の子どもたちや孫の世代までいるとのこと。

さて、人生を幸せにするものとは、何だったと思われますか。

お金でしょうか。名誉でしょうか。地位でしょうか。

研究でわかったことは、**「幸せな80代は、人間関係の満足度がもっとも高い人たち」**ということでした。孤立している人、孤独な人は幸せを感じていなかったのです。結婚生活をしていても孤独は感じます。50歳代でいい人間関係を持っている人は80歳になってもそれが維持されており、幸せであるという研究結果が出たのです。

たとえ身体的苦痛があっても、頼れる人がいれば精神的には幸福で、良好な人間関係は脳の健康も保つのだそうです。

また、パートナーに頼れない人は、早期に記憶障害が現れるといいます。

ウォールディンガー教授は「人間関係は複雑で混みいっている。けれど地道な努力をして良い人間関係を紡ぎ、定年後には仕事仲間以外の良い人間関係を作ることが良い。できることは無限にある」と言います。


では、どうしたら良好な人間関係を構築できるのでしょうか？

強いこだわりや自分が正しいという信念を持ちすぎていると、どうしても苦しくなります。思考の偏りも人間関係を狭くします。

友人は自分の表れです。多様な友人がいれば自分には多様性があるということです。明るい人には明るい友人が引き寄せられますし、グチや不満の多い友人たちには、それなりに似た人が集まっています。

互いの個性を大事にしつつ、自分とは異なるタイプの人の長所を見つけて褒め、尊敬し、寄り添い、楽しみ、学ぶ姿勢を持てば、良好な人間関係は広がっていきます。

ストレスの原因の多くが、人間関係であるということはさまざまな統計に表れています。自分と異なる価値観や意見を持つ人たちと、いい距離感を保ち、できる限り楽しく笑顔で生活をしていくためには、次の六つが何よりも大切です。

- メンタルコントロールを上手にする。
- 相手も自分もあるがままを受け入れる。
- 自分の情報や考えが絶対に正しいと思い込まない。

・そこにいない人の悪口、ゴシップを謹み、ユーモアのある話題づくりを。
・相手の話の腰を折らず、最後まで聞ききってから自分の話をする。
・相手の幸せを願い、自分も癒される。

でも、人間ですから完璧にはなれません。ついうっかりネガティブな話題や不満、グチをこぼしても、その場合はお互いに受け入れ、**最後は必ずユーモアで**「私の思い込みかもね」「な～んてね」「ちょっと話しすぎましたね（笑）」と終わらせましょう。メンタルケアには笑いが一番です。

そして誰かが落ち込んでいたり、ネガティブな心情で苦しんでいたりしたら
「そうは言っても、そうじゃないこともあるんじゃない？　あなたにはこんな素敵なこともあるじゃない。例えばこんなことや、あんなことも……ね」
と認知行動療法のアプローチで励ましの言葉をかけてみてください。

人生１００歳時代。どうか人間関係を大切に。心を穏やかに、メンタルコントロールを日々の生活にできる範囲で取り入れながら、やさしく穏やかな気持ちで人生を送ってみませんか。

あなたの心と体の健康を心からお祈りしています。

INTERVIEW

【対談】感情を楽しくコントロールする方法（本田健氏）

最後に、『ユダヤ人大富豪の教え』など世界的ベストセラー作家である本田健さんとの対談を収録しています。本田さんは夢の実現だけでなく、人間関係を豊かにするコツの達人で、また私の心のメンターでもあります。「楽しく感情をコントロールできるコツ」についてお話をお聞きしました。

■私のメンタルコントロール術

人見　健さんはご著書の中で特に夢の叶え方だけでなく、人間関係についても数多く触れられています。今回は特に人間関係についてお伺いしたいと思います。例えば職場の人間関係のストレスで気落ちしたり、イライラしたりしますよね。本田健さん流のメンタルコントロール術とはどのようなものでしょうか。

本田　私はまず自分ルールを自分で自覚することが大事だと思います。人にはそれぞれ自分なりのルールがあります。誰でも言われたくない言葉やされたらイヤなことがありますよね。でも意外とみんな無自覚です。

人から何か言われてなんだかわからないけどカチンとするときは、言ってほしくない言葉をかけられたからです。自分ルールを理解していないと、必要以上に傷ついたり、落ち込んだりするものです。

人見　なるほど。ただ、人にはしてほしくないルールがあっても、普段は無意識の中にあって気がつかないってことがあるかもしれませんね。

本田　感情が乱れるような経験をしてはじめてルールを自覚できる場合もあります。例えば私はこう見えて、人の一言に引っかかってクヨクヨするタイプでした。人はそんなつもりで言ってないのにネガティブに受け取って、夜中に悶々としたこともありました。

作家になったばかりのときにベテランの編集者に編集用語で話されました。全然理解できなくてパニックだったんですね（笑）。素人同然だと馬鹿にされたと思って、秘かに傷ついていました。この前、久しぶりにその編集者さんに再会したら、本人は記憶がなくて、馬鹿にしたつもりもなかったそうです。私の気にしすぎだったんですね。20年間無駄に傷ついていたことになります（笑）。

自分のタイプがわかっていれば、余計なストレスを抱えずにすみますよ。

■苦手な人との付き合い方

人見　確かにそうですね。ときには苦手なタイプの人とも付き合う場合もあります。日本人は率直に言いたいことを言わない国民性です。だからごく少数の我を通す人に反論できずに、穏便にすませてストレスを溜めている人が多いようです。本田さんは我の強い人にはどう対処しますか？

本田　どこにいても失礼な態度をとる人や悪口を言う人は必ずいます。私は「この人はきっと子どもの頃に相当辛い経験をしてきたのだろう」と想像します。その人のストーリーを思い浮かべて、「こんな辛い人生を送ってきたのなら、毒を吐いてもしかたがない」と許しています。

人見　そうなんですね。私は伝えないままだと苦しいですね。辛い過去があったとしても社会人としては許せないと思ってストレスになります。遠回しに動いてもらうように働きかけたり、言葉で伝えたりします。健さんのように優しく想像したり伝えたりできない人はどうすればいいでしょう？

本田　直接言えないにしても、その人に対する悪口を紙に書くことはできますよね。弱気で口に出せない人は、一度自分の体から出した方がいいと思います。誰にも見せない悪口ノートを作りましょう。本当を言えば、悪口ノートが必要な職場はすぐに辞めた方がいいですね（笑）。嫌な人間関係から抜け出せないのが一番のストレスですよね。

人見　職場や学校で同調圧力が強くて、空気を読んで相手に合わせないといけない状況もありますよね。本田さんならどうしますか？

本田　私の場合、子育て中にママ友と交流していたときがまさにそうです。女性だけの集団に揉まれたおかげで、人の悪口に巻き込まれないようにしつつ、仲間外れにされない技術を身につけました（笑）。

上手にダンスする感覚ですね。悪口を全否定しても嫌われますし、一緒に悪口を言ったら今度は自分が悪者にされます。ある意味共犯者になって、適当に相手に合わせておく。潔癖な人はこれがなかなかできないんです。あ、いいニュースがありますよ。ママ友の付き合いはせいぜい数年で終わります。会社でもある程度の規模なら数年で人事異動しますよね。

あとは、人間学を学ぶ気分でその人を観察すること。私は酷い人を見ると、くさやの干物を見つけたような喜びを感じますね（爆笑）。そうやって面白く考えることにしています。

人見　そう捉えられたら気持ちが楽ですね！　ＳＮＳが発達して自分の知らない人から見られているストレスも増しているような気がします。人気作家の本田さんは人から見られたり批判されたりする場面も多いかと思いますが、何か対策をしていますか？

本田　ストレスを受けやすい状況を自分で理解するしかないですよね。私は作家とは「Amazonという丘の上で磔《はりつけ》になる」仕事だと思っています。こちらは無抵抗のまま読者に刺されても一切抵抗できませんからね。ある程度活躍したければ、ＳＮＳの批判や他人の意見に対する耐性をつけておくべきですね。

人見　批判を受け止め切れずに、心の桶の中にドボンとはまる人もいると思うのですが、そんなとき本田さんはどうしていますか？

本田　書かれてほしくないAmazonレビューを自分で想定して書き出して、鏡の前で読んでいました。何回か繰り返した後、Amazonレビューが気にならなくなりました。それからはAmazonレビューを自分の言われたくない言葉をあぶり出すありがたい仕組みだと思うようになりました。

人見　なるほど。私はいまだにAmazonレビューで批判されると、見なきゃよかったって思います。

本田　どんなものでも一定数は批判する人がいるものです。新刊を出す前に講演会で帯の色が赤、青、緑のどれがいいか参加者に意見をもらったことがあります。その結果どの色も過半数は好きな人がいて、3割くらいは嫌いな人がいるとわかりました。

つまりどんな結果であっても、批判する人が0にはなりません。講演会で批判する人がいても、1000人もいたら1人や2人は心が下痢した人がいると思うようにしました。自分に対してネガティブな気持ちを持つ人は、心の調子が悪いと思うようにします。そんな人に対して「気分が良くなりますように」とお祈りできるようになりました。

人見 マインドフルネスでいえば慈愛の瞑想の言葉です。その人の悩みがなくなりますようにと、マントラのように言っていると、自分の気持ちが安定してきます。

本田 そんなことを20年ぐらい続けて、ちょっとずつ心が安定してきました。

人見 まさにコンパッション（思いやりの心）ですね。どんなバックボーンがある人に対しても愛を持って、心の中でお祈りするのが、自分のメンタルとして一番いいですね。

本田 どんな人に対しても祈れるようにならないと、誰にどう思われるかを気にしていたら、本が書けなくなったり、講演会でも自分の言いたいことが言えなくなったりしますから。

■チームの人間関係づくりのコツ

人見　以前本田さんからお聞きしたチームの力学について詳しく聞かせてください。例えば元気なリーダーの下にいると部下の元気がなくなるとおっしゃっていましたよね。

本田　私は人にはホームポジションがあると思っています。人によって特性があって、普段ポジティブでいたい人と普段ネガティブでいたい人がいます。上司と部下、あるいは友人でも、２人いたら必ずネガとポジに分かれます。そうやって人間はバランスをとっています。

人見　リーダーに元気があっても他のメンバーに元気がない場合、リーダーはどうすればいいのでしょう?

本田　一人だけ早く行ってもしょうがないですよね。アフリカに「早く行きたいなら一人で行け。遠くに行きたいならみんなで行け」ということわざがあります。あらゆるリーダーにとって大切な言葉です。「タイムが落ちてもみんなで行こう」というリーダーは全員で成功を掴めます。

人見　自分がネガティブな場合は、ポジティブな人が下に降りてくるのを待つしかないのですか？

本田　ポジティブな人に歩み寄ることができます。ネガティブに戻るのをぐっとこらえて、相手に寄り添うと、心が通じ合います。全てのリーダーシップで同じような歩み寄りが生まれていると思います。

■良い人間関係を保つには

人見　人生の幸せのコツには、生涯を通じて、良き友を得て、良い人間関係を紡ぐことが大切だというハーバード大のデータがありますが、健さんご自身の良い人間関係を保つコツがあれば教えてください。

本田　連絡を密にすることですね。例えば一年に1回しか連絡がないと関係が希薄になりますけど、たとえ会えてないにしても、週に1回、あるいは月に1、2回とか、「元気ですか」「どうしてますか」と連絡取り合っている人は、会ったらすぐ、一瞬で関係が戻りますよね。

あとは、特別な時間を過ごせる人間関係を持っている人って、やっぱり深い友情を持っている人が多いと思います。海外旅行へ一緒に行く、あるいは一緒に学ぶ人達は、何にもない人間関係よりは、より親しみがわきます。

楽しい関係を持っていると、その分だけ人は幸せになれると思います。例えば人見さんの友人関係でもね、海外旅行、それも大変な、インドやエジプトとかを一緒に行った人は、普通にアメリカに視察に行くよりも仲良くなりませんか。

人見　確かにそういう人たちとは、長くて楽しい付き合いになりますね。

本田　一緒に体験を分かち合うような、友人、家族、パートナーはより関係が深まります。

人見　年賀状もやりとりしない時代だからこそ、「時間は愛」ですね。

本田　一緒にご飯を食べたり、絵を見に行ったりとか、何かを共有することが親しみに近づくと思います。共有できる関係性って何百人も築けませんよね。せいぜい

100人ぐらいでしょうか。その中で本当に尊敬できる人や感謝できる人と、お互いに助け合っていけたらいいですよね。

仕事の損得を抜きにして気持ちが通い合える仲間は素敵です。お互いに相手を思い合える人間関係は長続きしますよ。別に頻繁に会っているわけじゃないのに、いい感じで繋がっている――そういう人がいっぱいいると幸せですよね。

人見さんが本に書かれたように自分のマインドフルネスに責任を持って、認知のズレを修正して、いい人間関係を持てば、誰でも幸せになれます。幸せとお金はあまり関係ありません。お金持ちになれたらいいけど、なれなくてもいい。いい人間関係があって、最低限の生活基盤があれば、誰でも幸せになれるんです。

人見　お話を聞いて、上手にメンタルコントロールができ、さらに人間関係をよくすることが人生を豊かにする鍵だと改めて思いました。人との接し方のヒントがいくつもあって参考になりました。ありがとうございます。

EPILOGUE

おわりに

最後までお読みいただき、ありがとうございました。

私は現在、マインドフルネスのみならず、心が疲れたと感じる方々に個人カウンセリングやヒプノセラピーを行っています。

そのとき「今はお辛いと感じるかもしれないけど、必ずよくなるからね！」と伝えています。

なぜなら、私自身がそうであったからです。幼少期から家庭環境は複雑で、20代はどん底と感じるなかで生きる気力がわかない時期がありました（かなり後になってそれが「極端な思い込み」であることに気づきました）。

ここまでご紹介してきた瞑想や心理学的アプローチを知らない頃は、イライラしたり、気分が落ち込んだり、人のせいにしたりして、常に感情の渦の中に巻き込まれていました。「そうは言ってもそうじゃないことがあるよね」と、あえて事実を捉え直すことに、まったく気づくこともできなかった苦しい20代でした。

インドで長く生活する中でマインドフルネスや、丁寧に自分の感情をゆっくりスライスして「今何を感じているのか」「どこからその感情が起きているのか」に気づき「そうは言っても」と自分を友人のように見守り、辛い自分に対し何を言ってあげたらよいのかが次第にわかってきました。

そして荒馬のような自分の感情を、上手に手綱を取って乗りこなすことができるようになっていきました。

本書で取り上げた内容を実際に日々の生活の中で取り入れてみるだけで、本当に心が楽になり、感情の荒海から抜け出ることができるようになります。

それは私自身が経験したことでもあり、最先端心理学の認知行動療法という再現性のある手法だからです。

精神科医の大野裕先生に出会い、認知行動療法と、私がこれまで多くの人にお伝えしてきたマインドフルネスとに高い親和性があることに驚きました。しかも科学的エビデンスもあります。

読者の皆様もぜひ、自分の感じたことをその都度、瞬間、瞬間で反応するのではなく、ゆっくり丁寧に観察して感情を上手に扱ってあげてください。

そして、大切な友人のように「うんうん、今は辛いよね。でも、そうは言ってもそうじゃないことがあるよね？　それはどんなことかな？」と優しく語りかけて、一緒に探してあげてください。

それが、自分を認知して、過去からの思い込み（記憶）を少しずつ手放していくコツです。やがて、それが習慣になれば、あなたは毎日を楽に過ごせるようになり、その方法を友人や職場の方々に教えてあげたくなるはずです。

最後に本書の中心となる認知行動療法についてご教授いただき、「七つのコラム」

の雛形も快く掲載のご承諾をいただきました精神科医の大野裕先生に心より感謝申し上げます。本書は、ビジネスパーソンのために広く使えるようかなり幅広い凡例を出し、マインドフルネスの手法も応用したため、認知行動療法の実際の解釈とは若干のずれがあるかもしれません。もしご批判、ご指摘等がございましたら、どうぞお知らせください。

また、世界的ベストセラー作家である本田健さんには対談にご登場いただき、楽しいひとときを過ごさせていただきました。いつも愛に溢れた本田さんに、心から御礼申し上げます。「子どもの頃親から言われた辛かった言葉」についてご協力いただいたマインドフルネス受講生の皆様、ヒプノセラピー同期の皆様、カバーデザインの選択にご協力いただいた友人の皆様へ心から感謝を申し上げます。

本書を手にとってくださった皆様が「そうは言っても、やっぱり自分は幸せだな」と気づいて心が楽になり、人生が豊かなものとなりますよう心から願っています。

人見ルミ

https://www.arigatozen.com
・ハーバード大学の研究　ヨガと瞑想の効果
https://www.health.harvard.edu/blog/yoga-and-meditation-offer-health-care-savings-and-you-can-do-them-at-home-201511188616
・ハーバード大学ジョン・デニンジャー博士　ヨガと瞑想の効果
https://www.bloomberg.co.jp/news/articles/2013-11-22/MWNCD06TTDS001
・こころのスキルアップ・トレーニング
https://www.cbtjp.net/
・ウェルビーイング幸福度チェック（ログイン登録が必要です）
http://well-being-circle.com
・パーソナル総研　7つの因子における自己診断
https://rc.persol-group.co.jp/thinktank/spe/well-being-survey/
・ヒプノセラピー（催眠療法）ホリスティックワーク
http://www.holistic-work.com
・ヒプノセラピー（催眠療法）（株）サンカラ
http://www.mindfulness-jp.com/hypno

こちらの二次元コードから、本書に掲載されている瞑想ワークのナレーションを音声で聴くことができます（眠れない人のための自律訓練法も収録されています）。

参考文献・資料

・『性格は変えられない、それでも人生は変えられる』（ダイヤモンド社）アルバート・エリス
・『こころが晴れるノート』（創元社）大野裕
・『図解　やさしくわかる認知行動療法』（ナツメ社）福井至　貝谷久宣
・『言語化の魔力』（幻冬舎）樺沢紫苑
・『ウェルビーイング』（日経文庫）前野隆司、前野マドカ
・『ジョコビッチの生まれ変わる食事』（扶桑社）ノバク・ジョコビッチ
・『ヨーガバイブル』（産調出版）クリスティーナ・ブラウン
・『長友佑都のヨガ友』（飛鳥新社）長友佑都
・『心を整えるマインドフルネスCDブック』（あさ出版）人見ルミ
・『マインドフルネス思考』（あさ出版）人見ルミ
・『奇跡の脳 脳科学者の脳が壊れたとき』（新潮社）ジル・ボルト・テイラー
・『グッド・ライフ 幸せになるのに、遅すぎることはない』（辰巳出版）ロバート・ウォールディンガー、マーク・シュルツ

・東京都労働相談情報センター（労働者用チェックリスト）
https://www.kenkou-hataraku.metro.tokyo.lg.jp/mental/self_care/check.html
・厚生労働省ホームページ令和2年患者統計　全国編37
https://www.mhlw.go.jp/toukei/saikin/hw/kanja/20/index.html
・スキーマ理論とは？　Phycho Phycho
https://psycho-psycho.com/schema/
・アルバートエリスのABC理論　ビジネスゲーム研究所
https://business-games.jp/ninchi_abc/
・遺伝子多型による森林浴の慢性ストレス軽減効果の個人差の検証
森田えみ、内藤真理子、川合紗世、岡田理恵子、銀光、若井建志、浜島信之ら
https://kaken.nii.ac.jp/file/KAKENHI-PROJECT-22580161/22580161seika.pdf
・断食道場　町田宗鳳ありがとう禅

著者紹介

人見ルミ（ひとみ・るみ）

マインドフルネス企業研修トップ講師　CBTカウンセラー

TBSニュースレポーター、テレビ東京お天気予報キャスターを経て報道ディレクターに転身。「中村敦夫の19時発」など担当。数々のＴＶ番組を手がけるも心身ともに疲弊し29歳で単身インドへ渡航。インドの師匠のもと、本場のヨガ・瞑想・インド哲学などマインドフルネスのエッセンスを1年半学び、ストレス軽減法やメンタルコントロール方法を身につけ、生き方の価値観が変わる。

帰国後、（株）船井メディアの会員誌の編集長に就任。取材を通じて出会った約800名を超える一流の著名人や経営者の仕事ぶりや人生の成功エッセンスに触れ、事業を成功に導き、常務取締役に就任。2013年、マインドフルネスを中心としたコンテンツで、仕事・家庭・人間関係をイキイキとした人生に変える方法を伝えるべく（株）サンカラを設立。代表取締役に就任。

現在、大手上場企業から外資系企業、中小企業、省庁、自治体など、マインドフルネスや認知行動療法を取り入れた企業研修の実績ではトップクラス。社員のストレス軽減やパフォーマンスを高め、対人関係の改善や組織の生産性向上に貢献。マインドフルネスプロ講師認定制度において、多数の卒業生を輩出。個人セッションでも多くの方の悩み相談、カウンセリング、ヒプノセラピーなどに対応している。

早稲田大学人間科学部卒業。マインドフルネス学会所属。CBTストレスカウンセラー（認知行動療法）、ヒプノセラピー資格取得 。

ベストセラー『心を整えるマインドフルネスＣＤブック』『マインドフルネス思考』（いずれもあさ出版）、『潜在能力を120%引き出すマインドフルネスストレッチ』（KADOKAWA）、『一瞬で運がよくなる幸せ法則』（ゴマブックス）など、著書多数。

認知行動《にんちこうどう》×マインドフルネス

働《はたら》く人のためのメンタルコントロール　〈検印省略〉

2023年 9 月 18 日　第 1 刷発行

著　者――人見 ルミ（ひとみ・るみ）

発行者――田賀井 弘毅

発行所――株式会社あさ出版

〒171-0022 東京都豊島区南池袋 2-9-9 第一池袋ホワイトビル 6F

電　話　03 (3983) 3225 (販売)

03 (3983) 3227 (編集)

ＦＡＸ　03 (3983) 3226

ＵＲＬ　http://www.asa21.com/

E-mail　info@asa21.com

印刷・製本　(株) 光邦

note　http://note.com/asapublishing/

facebook　http://www.facebook.com/asapublishing

twitter　http://twitter.com/asapublishing

ISBN978-4-86667-398-1 C2034